객실승무원
기내방송 실전

Airlines Cabin Attendant's
In-Flight Announcements Practice

객실승무원 기내방송 실전

Airlines Cabin Attendant's
In-Flight Announcements Practice

이수경 지음

CENGAGE

Andover • Melbourne • Mexico City • Stamford, CT • Toronto • Hong Kong • New Delhi • Seoul • Singapore • Tokyo

저자 | **이수경**

이화여자대학교 독어독문학 학사
이화여자대학교 교육공학 석사
인하대학교 경영학 박사과정
California State University Long Beach TESOL 수료

대한항공 사무장
대한항공 객실훈련원: 신입훈련 및 최상위 클래스 훈련 전문강사
대한항공 서비스계획팀: 대한항공 서비스 매뉴얼 개정 TF 담당
대한항공 객실승무원 진급시험 출제위원

아세아항공직업전문학교 항공운항과 교수 역임
인하공업전문대학 항공운항과 외래교수 역임
현재 중부대학교 항공서비스학전공 교수

객실승무원 기내방송 실전

초판 1쇄 인쇄 | 2019년 1월 30일
초판 1쇄 발행 | 2019년 2월 8일

지은이 | 이수경
발행인 | 송성헌
발행처 | 센게이지러닝코리아㈜
등록번호 | 제313-2007-000074호(2007.3.19.)
주　소 | 서울시 마포구 상암산로 76 YTN 뉴스퀘어 14층
전　화 | 02) 330-7000
이메일 | asia.infokorea@cengage.com
홈페이지 | www.cengage.co.kr

ISBN-13 | 978-89-6218-449-5

정가 20,000원

머리말

항공 객실 서비스 중에서도 기내 방송은 승객의 긴 여정을 함께하는 신발에 비유하고 싶다. 잘 차려입고 여행을 떠나는 사람에게 신발은 두드러지게 드러나지는 않지만 여정이 끝날 때까지 편안하게 발걸음을 내딛게 해주니 말이다.

그날의 비행에 어울리면서도 지나치게 뽐내지 않는, 적당한 고급스러움이 묻어나는 기내 방송을 들으면 승객은 물론이고 동승한 승무원마저 그 음성에 매료되곤 한다. 또한 항공 여행 중 발생하는 다양한 상황에 따라 적절한 시점에 이루어지는 안내 방송은 승객의 마음을 안정시킬 뿐 아니라, 승객이 항공사에 대해 신뢰를 갖게 하는 중요한 접점이 되기도 한다.

이렇듯 항공 객실 서비스에서 매우 중요한 부분을 차지하는 기내 방송은 정확한 정보를 승객에게 전달하는 동시에 항공사와 그 항공편의 서비스 품질을 인식시키는 무형의 서비스인 만큼 항공사에서도 그 중요성을 강조하고 있다. 게다가 항공사 공채 시험에 영어 기내 방송문 읽기도 포함되기 때문에, 객실 승무원이 되기 위해 준비 중인 학생들은 기내 방송에 대한 관심이 클 것이다.

필자는 항공사에서 16년간 근무하면서 독일어 방송을 비롯해 기내 방송을 담당했던 경험을 바탕으로 이 책을 집필했다. 항공 서비스 학과에서 기내 방송을 지도하고 학생들에게 일대일 코칭을 하면서 느낀 점을 고스란히 담아내기 위해 노력했다.

이 책은 항공 객실 승무원을 목표로 하는 항공 서비스 관련 학과 학생과 취업 준비생이 기내 방송에 대해 전반적으로 이해하고 실전 연습에 도움을 받을 수 있도록 구성되었다. 또한 항공 서비스 관련 학과에 입학하기 위해 준비 중인 수험생도 기내 방송을 쉽게 이해하고 연습할 수 있도록 기술했다.

좀 더 자세히 이 책을 소개하면, 방송문의 내용에 따라 상황 설명을 곁들이고 항공 지식과 사진을 함께 제시하여 더욱 실재감 있게 구성하고, 독자의 흥미를 끌 수 있도록 '생각해보기'와 다양한 사례를 제시했다. 승객의 관점에서 비행의 흐름에 따라 기내 방송을 소개하여 실제 객실 상황을 쉽게 이해할 수 있을 것이다. 또한 독자가 자신의 발성과 발음 습관을 파악하고 좋은 소리를 찾을 수 있도록, 음운론과 발성법처럼 접근하기 어려운 전문적인 내용보다는 실수하기 쉬운 단어를 발음 기호와 함께 제시하여 효율적으로 학습할 수 있다. 그리고 부록에는 각 항공사의 이색 방송문과 독일어 방송문을 담았으니 외항사와 약진하는 우리나라 저비용 항공사(LCC)의 개성 있는 방송문을 비교해보기 바란다.

특히 3장과 4장에 실린 기내 방송문은 직접 듣고 연습해볼 수 있도록 MP3 파일을 제공한다. 기내 방송문 MP3 파일은 출판사 홈페이지 www.cengage.co.kr의 자료실에서 무료로 다운로드할 수 있다. 글로만 읽는 것보다 생생한 목소리를 들으면서 따라 해보면 실력 향상에 큰 도움이 될 것이다.

2019년 1월 25일

저자 이수경

차례

AIRLINES CABIN ATTENDANT'S IN-FLIGHT ANNOUNCEMENTS PRACTICE

1장 기내 방송의 이해

2장 기내 방송을 위한 발음 연습

3장
기내 방송 실전-정규 방송

4장 기내 방송 실전– 비정규 방송

부록

기내 방송의 이해

AIRLINES CABIN ATTENDANT'S IN-FLIGHT ANNOUNCEMENTS PRACTICE

기내 방송의 이해

AIRLINES CABIN ATTENDANT'S IN-FLIGHT ANNOUNCEMENTS PRACTICE

저비용 항공사 (low cost carrier, LCC)

저비용 항공사는 기존의 대형 항공사와 달리 부차적인 서비스를 생략하고 본연의 역할인 운송 서비스에 집중하여 전체적인 비용을 줄임으로써 소비자의 합리적인 소비를 추구한다. 미주 지역의 대표적인 저비용 항공사는 사우스웨스트 항공(Southwest Airlines)이고 유럽 지역에서는 라이언에어(Ryan Air)가 활약 중이다.

1. 기내 방송의 역할

기내 방송은 항공기에 탑승한 승객에게 필요한 정보를 전달하는 역할을 한다. 또한 승객에게 항공사의 이미지를 각인시키는 중요한 무형 서비스이기도 하다.

오늘날 전 세계적으로 항공 여행이 보편화되고 저비용 항공사(low cost carrier, LCC)의 출현과 약진으로 항공사 간의 경쟁이 더욱 치열해지고 있다. 이러한 경쟁에서 살아남기 위해 각 항공사는 다른 항공사와 구별되는 차별화된 서비스를 고안하여 신규 수요를 끌어들이고 충성 고객을 유지하기 위해 노력하고 있다. 이에 각 항공사는 기내 방송의 중요성을 인식하고 자사의 전략과 이미지에 맞는 참신하고 개성 있는 방송으로 승객에게 어필하려 한다.

또한 기내 방송은 응급 상황이 발생하거나 비정상 운항 사유가 있을 때 승객에게 상황을 정확히 안내하고 추가 조치에 대한 정보를 제공함으로써 승객을 안정시키고 동요를 방지하는 통제 수단이기도 하다. 이처럼 기내 방송은 승객에게 정보를 전달하고 항공사의 이미지를 부각하는 중요한 수단인 만큼 방송 담당자는 실수 없이 기내 방송을 할 수 있도록 준비해야 한다.

생각해보기 1

Question 우리나라에서 운항 중인 저비용 항공사에는 어떤 것이 있는지 알아보자.

Answer 부록 참조

사우스웨스트항공의 특별한 기내 방송

사우스웨스트항공의 승무원인 마티 코브는 safety demonstration 방송 내용을 위트 있게 구성하여 탑승한 승객들에게 웃음을 선사했고, 사우스웨스트항공의 'fun management'는 내부 고객과 외부 고객 모두에게 긍정적인 영향을 미치고 있다.

〈기내 방송의 일부 내용〉

"오늘도 사우스웨스트항공과 함께해주신 것을 감사드립니다. 기억하세요. 아무도 당신을 혹은 당신의 돈을 사우스웨스트항공보다 더 많이 사랑하는 사람은 없습니다."

"비행기를 나가실 때는 가지고 타신 모든 물건을 챙겨 가시는지 확인하시기 바랍니다. 남겨진 물건은 승무원들이 공평하게 나누어 가지게 됩니다. 제발 아이들과 배우자를 놓고 가지는 마세요."

출처: https://www.youtube.com/watch?v=PYYFeUVp1Ck

서비스의 개념과 특징

서비스는 판매를 목적으로 제공하거나 상품과 연계해서 제공하는 일련의 활동 또는 편익, 만족을 의미한다. 제조업과 구별되는 서비스만의 고유한 특징은 다음과 같이 네 가지로 정리할 수 있다.

① **무형성**(intangibility): 기내 방송은 무형 서비스이며, 서비스의 무형성이라는 특성 때문에 가시적인 단서, 즉 로고, 품질 인증 마크, 구전 등의 홍보가 소비자에게 중요하게 작용한다.

② **비분리성/동시성**(inseparability): 서비스의 생산과 소비는 서로 분리될 수 없고 동시에 발생한다. 서비스 제공자와 품질 관리에 대한 교육이 중요하며 서비스가 이루어지는 환경의 세심한 관리가 필요하다.

③ **이질성**(heterogeneity): 서비스 제공자와 소비자에 따라 동일한 서비스가 이루어지기 어렵기 때문에 서비스 표준화 전략을 도모해야 한다.

④ **소멸성**(perishability): 제조업과 달리 대량 생산이 불가능하므로 수요와 공급 간의 조화와 철저한 고객 관리 전략이 필요하다.

2. 기내 방송과 인터폰

기내 방송(public address, passenger announcement, PA)은 기내에서 승객을 대상으로 하는 방송으로 조종실, 갤리(galley), 승무원 좌석(jump seat) 근처, 승무원 침상(bunk)에 설치된 핸드셋(handset)을 이용하여 방송한다. 그리고 인터폰(interphone)은 기장을 포함하여 승무원 간의 의사소통을 말하며 마찬가지로 핸드셋을 이용한다. 승객을 대상으로 하는 기내 방송과 승무원 간의 인터폰은 동일한 핸드셋으로 작동하므로 승무원 간의 의사소통이 기내 방송으로 노출되지 않도록 항공기 기종별로 사용법을 숙지해야 한다.

3. 기내 방송의 우선순위

PRAM (pre-recorded announcement module)
사전에 녹음된 방송문을 이용하여 기내 방송을 실시하는 모듈을 말한다.

승객에게 전달되는 정보의 중요성과 위급성에 따라 승객에게 노출되는 기내 방송의 우선순위가 정해져 있으며, 이는 기내 설비 시스템을 통해 자동적으로 통제된다. 우선순위는 조종실 PA–객실 PA–PRAM–비디오·오디오 시스템–보딩 뮤직 순이다. 즉 승객이 탑승할 때 보딩 뮤직이 나오더라도 기내 영상(비디오·오디오 시스템)이 상영되면 보딩 뮤직이 중단되고 기내 영상이 들린다. 또한 기내 영상이 상영 중이더라도 객실 승무원이 방송을 하면 객실 승무원의 방송이 들리고, 객실 승무원이 방송 중이더라도 기장이 방송을 하면 기장의 방송이 들린다.

4. 기내 방송의 구성

기내 방송은 정규 방송과 비정상 상황 시 방송으로 구분된다.

1) 정규 방송

정규 방송(routine announcement)은 대부분 방송 담당자가 실시한다. 각 비행편의 운항 절차 및 서비스 흐름에 따라 시행되는 방송으로 출발 준비 안내(사무장), 환영 인사, safety demonstration(사무장), 이륙 안내(사무장), 비행 중 좌석 벨트 착용 안내, 면세품 판매, 기류 변화, 도착지 정보, approaching, landing, farewell 등이 있다.

2) 비정상 상황 시 방송

비정상 상황 시 방송(irregularly announcement)은 사무장이 실시한다. 승객에게 협조를 구하는 상황이나 도착지 공항의 상황 안내, 지연이나 회항 시 안내, 설비나 서비스와 관련한 승객 불편 발생 시 안내, 기내 난동, 기내 화재 및 폭발물 위협 등 기내 안전 관련 방송문으로 구성되어 있다.

■ 비행 절차에 따른 방송의 예

비행 절차	 지상 ground ramp out taxing	 이륙 climbing	 정상 고도 cruise 시작	 비행 중 cruise	 하강 top of the drop descending	 지상 ground taxing ramp in
방송	• preparation for departure • welcome • safety demonstration	• take off	• seatbelt sign off	• turbulence • entry documents* • in-flight sales* • station regulations*	• approaching • landing	• farewell

* 표시는 국제선에서만 방송함

5. 기내 방송 규정

부정기편

운항 스케줄이 일정하지 않거나 잠정적 운항의 항공편을 말하며 charter flight라고도 한다. 해외에서는 항공기 전체를 대여하는 전세기를 charter flight라고 하며 여객기뿐만 아니라 화물기, air ambulance에서도 운영되고 있다.

현지 승무원(regional stewardess)

home crew와 달리 국적이 취항지 국가인 승무원을 말하며, 해당 스테이션 운항 시 자국어 방송을 맡는다.

출발 · 도착 시간 관련 용어

- STD(scheduled time of departure): timetable상 출발 시각으로, 승객에게 고지된 출발 시간
- STA(scheduled time of arrival): timetable상 도착 시간
- ETD(estimated time of departure): 출발 예정 시간
- ETA(estimated time of arrival): 도착 예정 시간
- ATD(actual time of departure): 실제 출발 시간
- ATA(actual time of arrival): 실제 도착 시간

① safety demonstration, take off를 제외한 정규 방송은 방송 담당자가 실시한다.

② 비정상 상황이 발생했을 때 사무장은 즉각적이고 정확한 안내 방송을 하며, 경우에 따라 방송의 내용을 변경하여 방송할 수 있다.

③ 지연 방송은 STD(scheduled time of departure) 10분이 지난 후 실시하며 지연 사유와 예상 출발 시간 등을 정확히 안내한다.

④ 기내 방송은 최대 4개국 언어로 실시할 수 있으며, 승객 전원이 내국인인 부정기편의 경우 한국어로만 방송할 수도 있다.

⑤ 국내선은 한국어에 이어 영어로 방송하고 국제선은 한국어, 영어, 도착지 언어 순으로 방송한다.

⑥ 현지 승무원(regional stewardess)이 동승한 경우 현지 승무원이 현지어 방송을 담당한다.

⑦ 제2외국어 방송을 하는 경우 현지 승무원–사전에 녹음된 방송–현지어 방송 자격 보유 승무원–카세트 플레이어의 우선순위로 실시한다.

외국 승무원의 고추장 사랑(대한항공 고서정의 승무원 칼럼)

베이징 비행을 앞두고 비행 준비를 위해 회사 이메일을 열어보니 메일이 한 통이 와 있었다. 그런데 발신인 이름이 한문으로 되어 있는 게 아닌가. 혹여 '스팸메일 아닐까?' 궁금해하며 열어보니 내일 비행을 함께할 신입 중국 현지 승무원이 한글과 영어가 섞인 인사 메일을 보낸 것이었다. '처음이라 미숙하겠지만 열심히 하겠다'는 요지의 짤막한 인사였지만 독수리 타법으로 낯선 한글 자판을 열심히 두드렸을 그녀를 생각하니 자못 기특하다.

비행기를 종종 이용하시는 분들이라면 기내에서 대한항공 유니폼을 입은 외국인 승무원을 가끔 만날 수 있을 것이다. regional stewardess, 줄여서 RS 승무원이라

고 부르는데 우리 회사에는 현재 약 650여 명의 RS 승무원이 근무하고 있다. 각국에서 온 이들은 자신의 home base를 중심으로 다양한 노선에 투입되어 우리나라 승무원과 동일한 업무를 하며, 통역 및 기내 방송 업무도 더불어 맡고 있다. RS 승무원이 함께 가는 비행에서는 비행 전 브리핑도 영어로 진행하며, 비행 중 승무원 간 대화나 기록도 되도록 영어로 해서 정보도 공유하고 소외감도 느끼지 않도록 배려하고 있다. RS 승무원은 명찰 왼쪽에 자국 국기를 표시하고 있지만 유창한 한국어로 승객과 막힘없이 대화를 나누기도 하고, 또 몽골 승무원의 경우 한국인과 생김새가 매우 닮아서 한국인으로 종종 오해받기도 한다.

나와 비행을 여러 번 함께한 말레이시아 승무원인 Penny는 서비스 후 남은 튜브 고추장을 박스에 정리하고 남들이 보기 편하게 겉면에 또박또박 한글로 '고추장'이라고 써서 나를 놀라게 했다. 기내에서 활용되는 기초적인 우리말이야 배웠지만 한글은 잘 몰라서 그저 다른 승무원들이 써놓은 것을 보고 따라서 그린 '그림'이라며 수줍어했지만, 난 외국인들이 우리말을 하고 우리글을 쓰는 것을 보면 언제나 신기하고 더욱 친근하게 느껴진다.

이렇게 고유의 역할과 함께 우리말을 꾸준히 공부하고 있음에도 기내에서 외국인 승무원이 한국말을 빨리빨리 못 알아들어 답답하고 불편하다며 면전에서 불같이 화를 내는 승객 분들을 볼 때면 괜히 내가 미안한 마음이 든다. 속수무책으로 쩔쩔매는 승무원도 안쓰럽지만 승객께서도 조금만 여유를 가져주신다면 더욱 수준 높은 서비스를 받을 수 있을뿐더러, 현지 승무원에게 여행 가서 써보려고 외워두었던 외국어 회화를 건네보거나, 또 현지인만이 알 수 있는 맛있는 식당 정보나 생생한 관광지 정보도 살짝 물어볼 수 있을 텐데…….

동그랗고 큰 눈에 그림자가 질 정도로 짙은 속눈썹이 인상적이었던 Penny를 얼마 전 쿠알라룸푸르 비행 때 다시 만났다. 나를 보고 무척 반가워하던 그녀는 이번 비행을 마지막으로 사직하게 되었다면서 그 큰 눈 가득히 아쉬움을 보인다. 그러다가 잠시 가방을 뒤적이던 그녀, 내 손에 뭔가를 쥐어준다. 쿠알라룸푸르에서 가장 큰 수영장 무료 입장권이라면서 다음에 꼭 한번 가보란다. Penny, 그리고 함께 일하는 650여 명의 외국인 동료들이 훗날 나와, 우리와 함께했던 시간을 소중하게 생각하고 그리워하길 바란다.

출처: 고서정(스포츠조선, 2010년 1월 26일, "대한항공 고서정의 승무원 칼럼")

6. 기내 방송 읽는 법

① 기내 방송문을 실수 없이 읽을 수 있도록 사전에 많은 준비를 해야 하며, 목소리만으로 항공사의 이미지를 전달하기 때문에 항상 밝은 표정을 유지하려는 자세가 필요하다.

② 기내 방송문이 익숙해져서 너무 빠르게 읽거나 특이한 억양이 묻어나지 않도록 주의해야 한다.

③ 방송문을 변형해서 읽지 않으며 각 방송문의 성격에 따라 목소리 톤을 적정하게 활용한다. 환영 인사는 밝고 정중하게 하고, 지연 방송 등은 사과의 마음을 담아 방송하며, 기내 안전 관련 내용의 경우 단호함이 느껴지게 하는 등 조절이 필요하다.

7. 마이크 사용법

① 항공기의 마이크는 핸드셋이라고도 한다. 기종에 따라 핸드셋 사용법이 상이하므로 방송 담당자는 탑승 후 pre-flight check 시에 성능과 사용법을 다시 한 번 점검해야 한다.

② 방송 담당자는 승객이 탑승하기 전에 마이크 상태를 확인한다. 그리고 이륙 후 첫 방송을 하고 나서 다시 한 번 각 zone에 근무하는 승무원들에게 방송 상태를 모니터링하여 잡음이나 파열음이 들리지 않도록 하고 방송 볼륨을 적절히 조정한다.

③ 기종에 따라 핸드셋 사용법과 zone별 방송 방법에 차이가 있다.

8. 핸드셋 사용법

■ A330-300

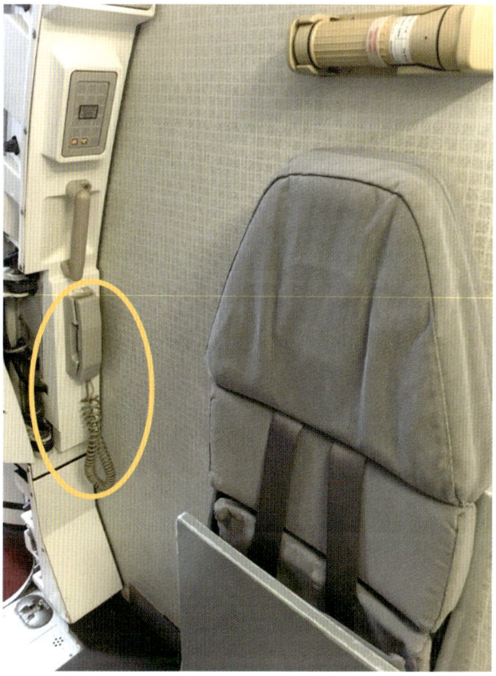

◀ 핸드셋의 위치

❶ 핸드셋을 거치대에서 꺼낸다.

❷ 핸드셋 안쪽의 해당 버튼을 누른 후 아래쪽의 PTT(push to talk) 버튼을 누르고 방송을 한다.

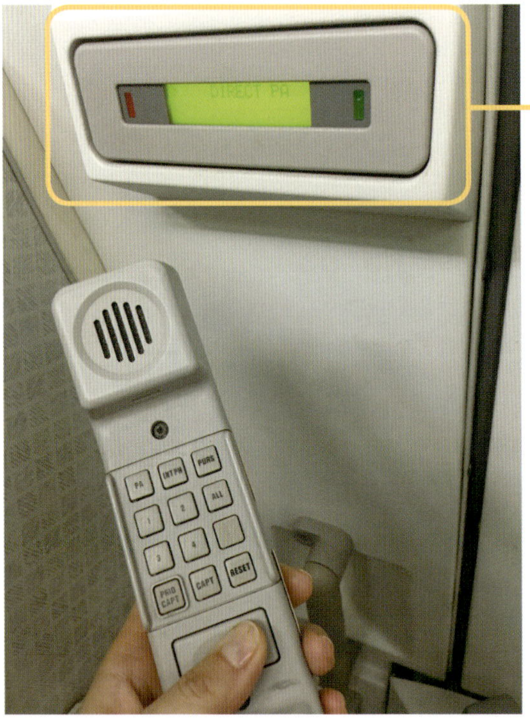

DIRECT PA

PA 상태임을 알려준다.

PA 3

PA+3+PTT(+는 버튼을 순차적으로 누르는 것을 의미)를 누르면 인디케이터(indicator, 모니터처럼 PA 상태 등이 보임)에 PA 3이라고 표기되고 EY/CL에만 PA를 할 수 있다. PA 중에는 PTT 버튼을 계속 누르고 있는다.

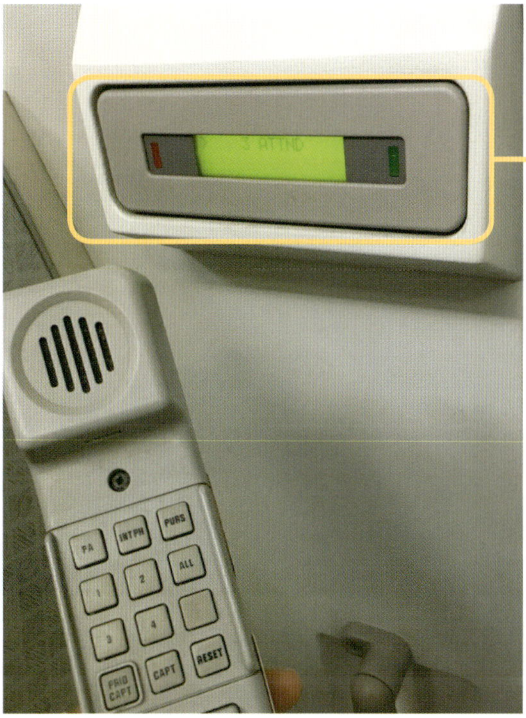

3 ATTAND

INPHN+3을 누르면 인디케이터에 3 ATTND라고 표기되고 No 3 도어 근처 핸드셋의 차임이 울린다.

zone별 PA 사용법

PA+1+PTT: zone 1(FR/CL)에만 PA 가능
PA+2+PTT: zone 2(PR/CL)에만 PA 가능
PA+3+PTT: EY에만 PA 가능
PA+ALL+PTT: 모든 zone에 PA 가능
PTT: 모든 zone에 PA 가능

인터폰 사용법

INTPH+해당 도어의 숫자(1, 2, 3, 4 중 하나)를 누르면 신호가 가고 해당 No의 L과 R 사이드 도어 근처 핸드셋에 high-low 차임이 울린다. 핸드셋을 분리하는 순간 차임이 그치고 수화기로 대화할 수 있다.

PTT 버튼을 누른 상태로 방송을 한다.

A380

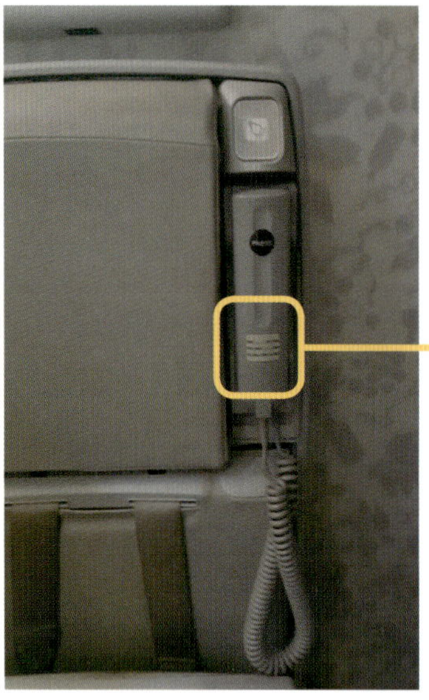

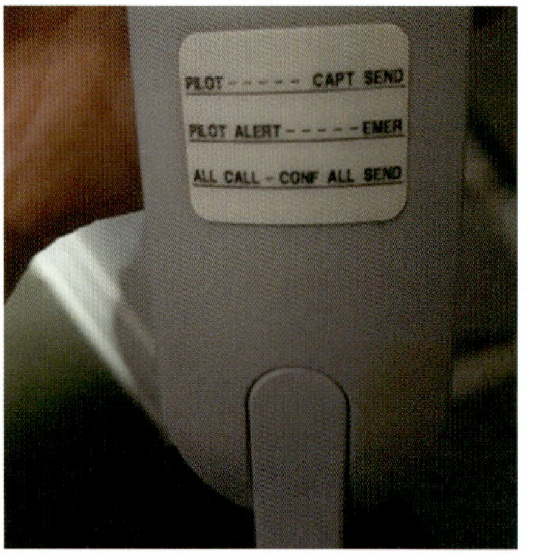

- CAPT를 누르면 기장과 통화할 수 있다.
- EMER는 PILOT ALERT 상황을 의미한다(위급 상황을 기장에게 신호로 알리는 기능).
- CONF ALL은 all call, 즉 전체 객실의 모든 핸드셋에 콜을 할 수 있다.

zone별 PA 사용법

PA+2+(+)Button+3+PTT: (PR+EY)에만 PA 가능
PA+1+PTT: zone 1(FR/CL)에만 PA 가능
PA+2+PTT: zone 2(PR/CL)에만 PA 가능
PA+3+PTT: EY/CL에만 PA 가능
PTT: 모든 zone에 PA 가능

9. 편명 읽는 법

1) 한국어로 읽는 법

① 편명은 항공사 코드와 숫자로 표시하고 숫자는 한 자리 단위로 각각 읽는다.
예: AB 723 편은 '에이비 칠이삼 편'

② 숫자 0은 '영'으로 읽지 않고 '공'으로 읽는다.
예: AB 001 편은 '에이비 공공일 편'

2) 영어로 읽는 법

① 영어도 마찬가지로 숫자는 한 자리 단위로 각각 읽는다.
예: AB 723편은 '에이비 세븐투쓰리'

② 숫자 0은 'zero'로 읽되 0이 중간에만 있는 경우는 'ou'로 읽을 수 있다.
예: AB 701 편은 '에이비 세븐지로원' 또는 '에이비 세븐오우원'
AB 001 편은 '에이비 지로지로원', '에이비 지로오우원'(×)

항공사 호출 부호

① **국제민간항공기구**(International Civil Aviation Organization, ICAO): 비행의 안전 확보, 항공로와 공항, 항공 시설의 발전 촉진, 부당 경쟁에 따른 경제적 손실 방지 등을 목적으로 1947년에 설립된 유엔 전문기구이다. 각 항공사에 고유의 3 letter codes를 부여하여 식별하도록 하고 있다.
예: 사우스웨스트항공–SWA
대한항공–KAL
에어부산–ABL

② **국제항공운송협회**(International Air Transportation Association, IATA): 국제민간항공기구(ICAO)가 정부 간 국제기구라면, 국제항공운송협회는 1919년 헤이그에 설립된 국제항공수송협회가 발전하여 1945년 설립된 순수 민간 단체

이다. 항공 운송의 발전과 제반 문제를 연구하며 안전하고 경제적인 항공 운송, 회원사 간의 우호 증진을 목적으로 한다. 주로 국제선의 운임, 주요 국제공항의 운항 시간 조절 및 공항 이용료 등에 대한 항공사들의 의견을 대변한다. 각 항공사에 고유의 2 letter codes를 부여하여 식별하도록 하고 있다.

예: 사우스웨스트항공–WN

대한항공–KE

에어부산–BX

10. 출발지와 도착지의 시차

1) 그리니치 평균시(GMT)

그리니치 평균시(Greenwich Mean Time, GMT)는 영국 그리니치에 있는 구 왕립 천문대를 지나는 경도 0°에서의 평균 태양시를 말하며, 이 경도를 그리니치 자오선이라고 한다. 그리니치 평균시는 지방 시간대 기준의 혼란을 피하고 시간의 기점을 명확히 표시하기 위해 사용하게 되었다.

전통적으로 태양일의 시작을 표시하는 시간의 기점 '0000 GMT'는 정오를 나타냈으나 1925년에 하루의 시작을 자정으로 하기 위해 GMT 수치를 매기는 체

Flik47/Shutterstock.com

Arne Beruldsen/Shutterstock.com

▲ 그리니치 천문대

계를 바꾸었다. 그러나 용어 사용에 혼란이 생겨 1928년 국제천문연맹은 0° 자오선의 표준시를 세계시로 바꾸어 부르기로 결정했으며 이는 오늘날까지 통용되고 있다. GMT는 아직도 영어권 국가에서 항해 등에 쓰이고 있다.

출처: http://100.daum.net/encyclopedia/view/b02g3835a

2) 협정 세계시(UTC)

협정 세계시(Universal Time Coordinated, UTC)는 국제 사회가 사용하는 과학적 시간의 표준으로 GMT와 동일하다. 한국은 GMT +9로 표준시보다 9시간이 빠르다. 예를 들면 베를린은 UTC/GMT +1, 로스앤젤레스는 UTC/GMT −7로 베를린과 로스앤젤레스의 시차는 8시간이며, 베를린이 로스앤젤레스보다 8시간 빠르다.

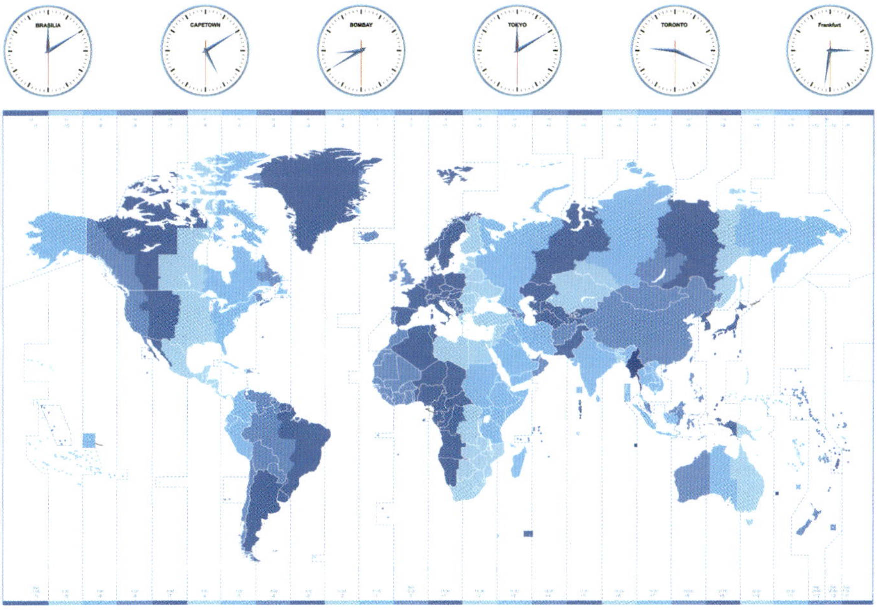

▲ GMT 세계 시간대 지도(GMT world time zone map)

생각해보기 2

| **Question** 워싱턴(UTC/GMT −3)과 서울(UTC/GMT +9)의 시차는 얼마인가?

| **Answer** 부록 참조

11. 영어 날짜와 시간 읽는 법

1) 날짜 읽는 법

해당 월, 해당 일의 서수(ordinals) 순으로 읽는다.

예: 9월 1일은 'September first'

7월 11일은 'July eleventh'

6월 13일은 'June thirteenth'

5월 21일은 'May twenty first'

8월 22일은 'August twenty second'

1월 23일은 'January twenty third'

2월 24일은 'February twenty fourth'

3월 30일은 'March thirtieth'

날짜	서수	날짜	서수	날짜	서수
1	first	8	eighth	15	fifteenth
2	second	9	ninth	16	sixteenth
3	third	10	tenth	17	seventeenth
4	fourth	11	eleventh	18	eighteenth
5	fifth	12	twelfth	19	nineteenth
6	sixth	13	thirteenth	20	twentieth
7	seventh	14	fourteenth	30	thirtieth

2) 시간 읽는 법

① 시간은 시와 분 단위의 순서로 읽고 12시 단위를 사용한다.

예: 2시 23분은 'two twenty three'

② 1~9분은 O[ou]를 넣어 읽는다.

예: 2시 3분은 'two O[ou] three'

③ 15분, 30분, 45분을 가리키는 a half, a quarter past, a quarter to라는 표현을 사용하지 않는다.

예: 오전 2시 15분은 'two fifteen a.m.'

오후 3시 30분은 'three thirty p.m.'

오후 5시 45분은 'five forty five p.m.'

④ 매시 정각은 o'clock을 붙여서 읽는다.

예: 오전 2시 정각은 'two o'clock a.m.'

오후 6시 정각은 'six o'clock p.m.'

⑤ 12시 정각은 밤인 경우 midnight, 낮인 경우 noon을 붙여서 읽는다.

예: 밤 12시 정각은 'twelve midnight'

낮 12시 정각은 'twelve noon'

기내 방송을 위한 발음 연습

AIRLINES CABIN ATTENDANT'S IN-FLIGHT ANNOUNCEMENTS PRACTICE

기내 방송을 위한 발음 연습

AIRLINES CABIN ATTENDANT'S IN-FLIGHT ANNOUNCEMENTS PRACTICE

1. 한국어 발음 연습

1) 짧은 문장을 이용한 발음 연습

- 들의 콩깍지는 깐 콩깍지인가 안 깐 콩깍지인가.
- 안 깐 콩깍지면 어떻고 깐 콩깍지면 어떻냐.
- 깐 콩깍지나 안 깐 콩깍지나 콩깍지는 다 같은 콩깍지인데.
- 간장 공장 공장장은 강 공장장이고 된장 공장 공장장은 공 공장장이다.
- 작년에 온 솥 장수는 새 솥 장수이고 금년에 온 솥 장수는 헌 솥 장수이다.
- 상표 붙인 큰 깡통은 깐 깡통인가 안 깐 깡통인가.
- 신진 샹송 가수의 신춘 샹숑쇼.
- 서울특별시 특허 허가과 허가 과장 허과장.
- 저기 저 뜀틀이 내가 뛸 뜀틀인가 내가 안 뛸 뜀뜰인가.
- 앞집 팥죽은 붉은팥 풋팥죽이고 뒷집 콩죽은 햇콩 단콩 콩죽.
- 우리 집 깨죽은 검은깨 깨죽인데 사람들은 햇콩 단콩 콩죽 깨죽 죽 먹기를 싫어하더라.
- 우리 집 옆집 앞집 뒷창살은 홑겹창살이고 우리 집 뒷집 앞집 옆창살은 겹홑창살이다.
- 내가 그린 기린 그림은 긴 기린 그림이고 네가 그린 기린 그림은 안 긴 기린 그림이다.
- 저기 계신 저분이 박 법학 박사이고 여기 계신 이분이 백 법학 박사이다.

- 저기 가는 저 상장사가 새 상 상장사냐 헌 상 상장사냐.
- 중앙청 창살은 쌍창살이고 시청 창살은 외창살이다.
- 멍멍이네 꿀꿀이는 멍멍 해도 꿀꿀 하고 꿀꿀이네 멍멍이는 꿀꿀 해도 멍멍 하네.
- 한영 양장점 옆에 한양 양장점, 한양 양장점 옆에 한영 양장점.
- 강낭콩 옆 빈 콩깍지는 완두콩 깐 빈 콩깍지이고 완두콩 옆 빈 콩깍지는 강낭콩 깐 빈 콩깍지이다.
- 고려고 교복은 고급 교복이고 고려중 교복은 고급 원단을 사용했다.
- 내가 그린 구름 그림은 새털구름 그린 그림이고 네가 그린 구름 그림은 뭉게구름 그린 그림이다.
- 꽃동네 꽃집 장미꽃 꽃집 새동네 꽃집 튤립꽃 꽃집.
- 고철 장수가 철 든 아들 데리고 철 들고 철원에 올라가 철 1kg을 천 원에 팔았다.
- 7월 7일은 평창 친구 친정 칠순 잔칫날.
- 내가 그린 기린 그림이 잘 그린 기린 그림인가 못 그린 기린 그림인가.
- 작은 토끼 토끼통 옆에는 큰 토끼 토끼통이 있고 큰 토끼 토끼통 옆에는 작은 토끼 토끼통이 있다.
- 한국관광공사 곽진광 관광과장.
- 생각이란 생각하면 생각할수록 생각나는 것이 생각이므로 생각하지 않는 생각이 좋은 생각이라 생각한다.
- 봄 꿀밤 단 꿀밤 가을 꿀밤 안 단 꿀밤.
- 앞산 넘어 남산에 올라가 남산 타워에서 산산조각 날 듯 놀고 뒷산 넘어 북산에 올라가 산산 부서질 듯 북산 타워에서 논다.
- 저기 저 잉꼬 새장에 있는 잉꼬새는 알을 깐 잉꼬새인가 알을 안 깐 잉꼬새인가.
- 그제 솥 장사는 헛 솥 장사, 어제 솥 장사는 헛 솥 장사, 오늘 솥 장사는 헛 솥 장사.
- 중앙청 창살 쌍창살, 경찰청 창살 쌍창살, 검찰청 창살 쌍창살.

2) 긴 문장을 이용한 발음 연습

[항공기 승무원은 슈퍼맨이 돼야 한다: 요구되는 자질과 역할의 변화]

(중략)

우리가 살고 있는 이 시대는 모든 것이 하루가 다르게 바뀌고 있는 상황이라, 잠시라도 한눈을 팔면 그 변화를 따라잡기가 여간 어려운 일이 아니다. 항공 업계 또한 예외가 아니다. 최첨단 기술의 집합체라는 도구를 가지고 정치, 경제, 사회 등의 환경 변화에 전적으로 노출되어 있는 항공사들은 고객 창출을 위해 사활을 건 경쟁을 벌이고 있는 현실이다 보니 그 변화 또한 심하다. 여러 가지 중요한 변화가 있겠지만, 항공사 승무원을 지망하는 학생들을 가르치는 필자의 입장에서 현실을 바라볼 때 크게 두 가지의 의미 있는 변화가 있다.

하나는 객실 서비스 양상의 변화이다. 물론 안전하고 쾌적한 기내 환경에서 좋은 서비스를 제공하며 고객을 목적지까지 친절하고 편안하게 모심으로써 고객이 기대하는 가치를 제공한다는 기본 개념은 변함없지만 그 양상은 항공사의 전략에 따라 달라지고 있다. 특히 최근 전 세계적으로 LCC(low cost carrier, 저비용 항공사)가 항공 업계의 주요 참여자로 대두되면서 기존 대형 항공사와의 차별화 전략을 가지고 약진을 거듭하고 있다. 그렇다 보니 대형 항공사들은 나름대로의 차별화를 위해 장거리, 고급 시장에 초점을 맞추고 LCC와 비교되는 프리미엄 고급 기내 서비스를 제공하면서 시장 방어에 온 힘을 쏟고 있다. 이코노미부터 일등석까지 안락한 좌석을 개발하기 위해 엄청난 투자를 하는가 하면, 기내 라운지, 면세점, 샤워실 등 각종 기내 편의 시설을 설치하고 인터넷, 기내 Wi-Fi, AVOD(audio/video on demand) 등 각종 IFE(in-flight entertainment) 환경을 구축하며 고객 확보에 온 힘을 기울이고 있다. 이에 대응하여 최근 들어서는 LCC들도 IFE 시스템 등을 도입하고 기존의 중·단거리 노선을 벗어나 장거리 노선까지 사업 영역을 넓혀나가고 있다.

이와 같이 대형 항공사나 LCC를 망라하고 앞다투어 기내 환경을 업그레이드하기 위해 경쟁하는 가운데 객실 내에서 객실 승무원이 살펴야 하는 첨단 기기가 점점 늘고 있다. 갤리 내의 에스프레소 머신, 스팀오븐, 칠러(chiller) 등과 같은 기본 장비는 물론이고, 한 대에 수억 원을 호가하는 일등석 좌석부터 기내 방송 시스템(때로는 지상과의 통신도 포함하여), LED 조명, IFE 시스템 조작 등도 승무원의 몫이다. 물론 기본적으로 이런 장비는 지상에서 정비사에 의해 관리가 이루어지지만, 비행 중에 발생할 수 있는 고장 상황과 다양한 고객의 요구 사항을 고려할 때 기본적인 작동법 이상의 실무 지식이 객실 승무원에게 요구되고 있는 현실이며 이러한 경향은 앞으로 더욱 강해질 것으로 예상된다. 한마디로 지금까지의 전통적 서비스 마인드에 테크놀로지 마인드가 가미된 객실 승무원의 서비스 자세가 요구된다고 볼 수 있다.

또 다른 변화는 우울한 이야기이다. 최근 발생한 말레이시아항공의 사고, IS에 의한 테러 등과 같은 항공 보안 이슈는 향후 항공 산업 발전에 가장 큰 장애물이 될 것으로 보인다. 아울러 이것보다 심각성은 덜하지만 기내에서 심심찮게 발생하고 있는 기내 난동과 폭행 사고 또한 항공 여행의 증대와 함께 반드시 해결책이 마련되어야 하는 사안일 것이다. 물론 테러 등과 같은 항공 보안 문제는 국가 사회적 차원에서 예방하고 비행기 이륙 전 반드시 해결해야 할 일이지만, 만약의 경우에 기내에서 벌어질 상황에 대한 대응 방안이 보다 더 체계화되어야 할 것이다. 예전과 같이 항공 보안 승무원을 다시 탑승시킬 것인지는 신중히 검토해야 하겠지만, 이러한 보안 이슈에 대해 모든 객실 승무원이 좀 더 철저하게 교육을 받고, 상황 발생 시 빠르고 효과적으로 대응하여 최악의 사태를 피할 수 있도록 준비시키는 일은 앞으로 점점 더 중요해질 것이다.

단정한 이미지와 더불어 미소와 친절한 자세로 고객을 편안하게 모시는 객실 승무원의 모델은 앞으로도 유지될 것이다. 하지만 현실의 변화는 더 많은 것을 요구하고 있고, 우리는 좀 더 많은 테크놀로지 마인드와 세이프티 & 시큐리티 마인드가 필요한 시대에 진입하고 있다는 생각이 든다. 오늘도 우리 학생들의 빛나는 눈빛을 마주할 때 머릿속으로는 이런 생각들이 스쳐 지나간다. 우리 다 같이 머리 맞대고 고민한다면 변화를 즐기며 맞을 수 있을 것이다.

출처: 이수경(굿모닝충청, 2015년 12월 15일)

3) 주의해야 할 한국어 장음

- 대:한항:공
- 비:상구
- 안:내문
- 금:지
- 면:세
- 주:문
- 보:안
- 도:착
- 보:관
- 안:내
- 좌:석
- 이:륙
- 귀:국
- 환:승

- 말:씀
- 감:염
- 검:역
- 건:강
- 오:염
- 전:자 제품
- 잠:시
- 매:주시기
- 예:정
- 조:심
- 대:기
- 이:용
- 회:원
- 연:결
- 항:공기
- 계:속
- 주:목
- ~속:에
- 대:단히
- 냄:새
- 운:항
- 응:급
- 환:자
- 안:개
- 담:배

2. 영어 발음 연습

1) tongue twisters

- I scream, you scream, we all scream for ice cream.
- I saw Susie sitting in a shoe shine shop.
- Frivolously fanciful Fannie fried fresh fish furiously.
- To begin to toboggan, first buy a toboggan. But don't buy too big a toboggan. Too big a toboggan is too big a toboggan to buy to begin to toboggan.
- She saw Sharif's shoes on the sofa. But was she so sure those were Sharif's shoes she saw?
- Give papa a cup of proper coffee in a copper coffee cup.
- Black background, brown background.
- Seventy-seven benevolent elephants.
- A loyal warrior will rarely worry why we rule.
- A pessimistic pest exists amidst us.
- Drew Dodd's dad's dog's dead.
- Which witch switched the Swiss wristwatches?
- I have got a date at a quarter to eight; I'll see you at the gate, so don't be late.
- Fuzzy Wuzzy was a bear. Fuzzy Wuzzy had no hair. Fuzzy Wuzzy wasn't very fuzzy, was he?
- If two witches would watch two watches, which witch would watch which watch?
- Peter Piper picked a peck of pickled peppers.A peck of pickled peppers Peter Piper picked. If Peter Piper picked a peck of pickled peppers, where's the peck of pickled peppers Peter Piper picked?
- How much wood would a woodchuck chuck if a woodchuck could chuck wood? As much wood as a woodchuck could chuck, if a woodchuck could chuck wood.
- Betty Botter bought a bit of butter. The butter Betty Botter bought was a bit bitter, and made her batter bitter. But a bit of better butter makes batter better. So Betty Botter bought a bit of better butter, making Betty Botter's bitter batter better.
- She sells sea shells by the seashore. The shells she sells are surely seashells. So if she sells shells on the seashore, I'm sure she sells seashore shells.

- When a doctor doctors a doctor, does the doctor doing the doctoring doctor as the doctor being doctored wants to be doctored or does the doctor doing the doctoring doctor as he wants to doctor?

2) 신문 기사를 이용한 연습

[Air Busan kicks off first Busan-Singapore route]

South Korean low-cost carrier Air Busan said Friday that it will operate a flight route connecting Busan and Singapore until Jan. 29. It is the first attempt for a budget carrier to operate the Busan-Singapore route.

Air Busan said the flights were scheduled for every Tuesday and Friday, departing Gimhae International Airport at 6:15 p.m and arriving in Singapore at 11:15 p.m. Returning flights will leave Singapore at 12:15 a.m. and arrive here at 7:20 a.m. on the following day. The temporary flight route will use an A321-200 plane with the code number BX7615. The air carrier said it will apply to win a license to operate the route regularly in the next month.

"Most of the flights are already fully booked, as there is high demand departing from Gimhae International Airport. We own the highest number of flights and airplanes stationed at Gimhae Airport, and we are confident that we will attract more travelers by winning the regular route operation license," said an Air Busan official.

Established in 2007, Air Busan is a budget carrier brand operated by full-service carrier Asiana Airlines.

출처: Kim Da-sol(코리아헤럴드, 2019년 1월 4일)

[Singapore Airlines named world's best airline for 2019]

After launching the world's longest flight route this year and introducing some of the most advanced aircraft into its fleet, Singapore Airlines has been lauded as the world's best airline for 2019.

The editors at AirlineRatings.com recently announced their picks for their annual Airline Excellence Awards, and Singapore Airlines got the top honor. The launch of a nonstop flight from Singapore to New York City played a part.

It was the first time at the top of the list for the Asian carrier, which narrowly edged out previous winners Air New Zealand and Qantas Airways.

The website's seven editors took a close look at fleet age, passenger reviews, profitability, investment ratings, product offerings and staff relations. They found that Singapore Airlines set the gold standard for safety, design, in-flight service and the quality of its fleet.

출처: Nam Kyung-don(코리아헤럴드, 2018년 11월 18일)

3) 영어의 리듬

영어는 한국어와 달리 리듬이 있는 언어로 다음과 같은 특징을 지니고 있다.

① 영어의 리듬은 강세가 그 기본을 이룬다. 즉 특정 음절이나 단어에 강세를 줌으로써 리듬이 형성된다.

② 강세 음절의 등시성(isochronism)을 유지하기 위해 강세 음절에 뒤따르는 무강세 음절이 약화되거나 탈락되는 등의 음운 변화를 겪는다.

③ 영어의 리듬은 강약의 결합으로 이루어지며, 강세 음절을 중심으로 무강세 음절이 적절히 연결되어 하나의 강세군(stress group)이 되고 리듬 단위(rhythm unit)를 형성한다.

출처: 고은경(2012), 영어 연결 발음(connected speech) 현상에 대한 한국인 영어 학습자의 인식(perception)과 발화(production) 연구, 성균관대학교 영어영문학 박사학위 논문.

영어는 각 단어 단위에서 모든 음절을 강하게 발음하지 않고, 문장에서도 문장을 구성하는 모든 단어를 강하게 발음하는 것이 아니라 의사소통상 가장 중요한 의미를 전달하는 일정한 한두 단어만 강세를 주어 발음한다. 그리고 구나 문장 속에서 특정한 단어에 강세가 배치되는 현상을 문장 강세라고 하는데, 문장 강세는 단어 강세와 결합하여 전체 발화의 리듬을 형성한다. 의사소통 과정에서 실질적으로 의미 내용이 강하여 의미 전달에 중요한 역할을 하기 위해 강조가 되는 단어들만이 강세를 받는다.

강세 음절이 강세가 없는 음절과 강세군을 형성하여 일정한 간격으로 반복되려는 경향은 영어 리듬의 기본적인 특징이다. 이러한 영어 리듬의 기본적 특징을 강세 음절의 등시성이라고 한다. 강세 음절이 등시성을 유지하려고 하기 때문에 강세군 내에서 무강세 음절은 모음이 약화되거나 자음이 탈락된다. 그리고 강세 음절과 강세 음절 사이에 무강세 음절이 많을수록 무강세 음절의 약화나 탈락의 정도가 더욱 커져서 더 빠르고 불분명하게 발음된다. 무강세 음절의 약화 및 탈락은 강세 음절에서 다음 강세 음절까지 부드럽게 물 흐르듯 연결되어 자연스러운 리듬을 형성한다.

따라서 영어를 자연스럽게 읽으려면 강세 음절을 분명하게 발음하고 비강세 음절은 연음, 축약, 탈락 등을 적용하여 발음해야 한다.

- CREW PUSHED BUTTON
- The CREW PUSHED the BUTTON.
- The CREW has PUSHED the BUTTON
- The CREW might have PUSHED the BUTTON.

위의 네 문장은 음절 수는 다르지만 강세 음절이 동일하므로 거의 동일한 시간에 발화하도록 연습해보자.

CHAPTER 3

기내 방송 실전-정규 방송

01 | 승객 탑승 전

02 | 승객 탑승 후~항공기 출발 전

03 | take off

04 | 비행 중

05 | 일반 approaching

06 | landing

07 | 항공기 도착 후

기내 방송 실전-정규 방송

AIRLINES CABIN ATTENDANT'S IN-FLIGHT ANNOUNCEMENTS PRACTICE

1. 승객 탑승 전

1) PA 테스트

승무원 여러분, PA 상태 점검을 위한 방송입니다.
이 비행기는 ***까지 가는 ***항공 ***편입니다.
***까지의 비행시간은 이륙 후 **시간 **분입니다.

Ladies and gentlemen, this is flight ***, bound for *** (via ***).
Our flight time today will be ** hour(s) and ** minute(s).

이상으로 테스트를 마치겠습니다. zone별로 방송 상태 이상 유무를 알려주십시오.

한국어 실전 연습-장음과 모음

- '승무원'이 '승무언'으로 들리지 않도록 주의해서 발음한다.
- [항:공]의 장음에 주의한다.

승무원 여러분, PA 상태 점검을 위한 방송입니다.
이 비행기는 ***까지 가는 ***항:공 ***편입니다.
***까지의 비행시간은 이륙 후 **시간 **분입니다.

한국어 실전 연습-자음의 음가와 받침

• [ㅎ] 음가에 주의하고 받침을 정확하게 발음한다.

승무원 여러분, PA 상태 점검을 위한 방송입니다.
이 비행기는 ***까지 가는 ***항공 ***편입니다.
***까지의 비행시간은 이륙 후 **시간 **분입니다.

영어 실전 연습

Ladies and gentlemen, this is flight ***, bound for *** (via ***).
Our flight time today will be ** hour(s) and ** minute(s).

2. 승객 탑승 후~항공기 출발 전

1) 출발 지연

- 출발 지연 안내 방송은 사무장이 실시한다.
- 스케줄상의 출발 시간보다 10분 이상 경과한 경우 사무장은 기장과 협의하여 출발 지연 안내 방송을 한다.
- 출발 지연이 운항 및 정비와 관련된 경우 기장에게 정확한 사유를 확인한 후 방송하고, 객실 상황으로 지연되는 경우에도 기장에게 보고하여 서로 정보를 공유한다.
- 출발 지연으로 인해 승객의 불편이 예상되므로 정중한 사과의 마음이 전달되도록 방송해보자.

손님 여러분, 우리 비행기는 [선택]

[선택 1]

❶ 일부 승객이 아직 탑승하지 않아
❷ 폭우(폭설/강풍/짙은 안개)로 인해
❸ **공항의 기상 상태가 좋지 않아
❹ 공항 제설 작업으로 인해
❺ 항공기 제설(서리 제거 작업)을 위한 순서를 기다리고 있어
❻ 공항이 혼잡해
❼ 일부 탑승하지 않은 승객의 짐을 내리고 있어
❽ 기내식(서비스 물품)을 추가 탑재하길 기다리고 있어
❾ 비행에 필요한 서류를 기다리고 있어
❿ 항공기 추가 점검이 필요해
⓫ (응급) 환자가 발생해 필요한 조치를 하고 있어
출발이 늦어지고 있습니다.

[선택 2]

❶ 잠시 후에 출발하겠습니다.

❷ 약 **분 후에 출발하겠습니다.

이 점 양해해주시기 바랍니다.

Ladies and gentlemen, our departure is delayed [선택]

[선택 1]

❶ as we are waiting for several passengers to board.

❷ due to heavy rain(heavy snow/strong winds/heavy fog).

❸ due to unfavorable weather conditions at ** airport.

❹ due to snow removal at the airport.

❺ as we are waiting for our turn to remove snow(frost) from the aircraft.

❻ due to air traffic congestion on our route.

❼ as we are unloading some baggage from the cargo compartment.

❽ as we are waiting for some meals(in-flight items) to be loaded.

❾ as we are waiting for some documents to arrive.

❿ as a technical check of this aircraft is required.

⓫ since we are taking care of a passenger who requires medical attention.

[선택 2]

❶ We expect to depart in a few minutes.

❷ We expect to depart in about ** minutes.

We ask for your patience.

Thank you.

한국어 실전 연습–장음과 모음

- [안:개], [항:공기], [환:자], [잠:시]의 장음에 주의한다.
- '환자'가 '한자'로 들리지 않도록 주의해서 발음한다.

손님 여러분, 우리 비행기는 **[선택]**

[선택 1]

❶ 일부 승객이 아직 탑승하지 않아
❷ 폭우(폭설/강풍/짙은 안:개)로 인해
❸ **공항의 기상 상태가 좋지 않아
❹ 공항 제설 작업으로 인해
❺ 항:공기 제설(서리 제거 작업)을 위한 순서를 기다리고 있어
❻ 공항이 혼잡해
❼ 일부 탑승하지 않은 승객의 짐을 내리고 있어
❽ 기내식(서비스 물품)을 추가 탑재하길 기다리고 있어
❾ 비행에 필요한 서류를 기다리고 있어
❿ 항공기 추가 점검이 필요해
⓫ (응급) 환:자가 발생해 필요한 조치를 하고 있어
출발이 늦어지고 있습니다.

[선택 2]

❶ 잠:시 후에 출발하겠습니다.
❷ 약 **분 후에 출발하겠습니다.

이 점 양해해주시기 바랍니다.

한국어 실전 연습-자음의 음가와 받침

• '비행기', '비행', '공항', '항공기', '발생해', '양해해'는 [ㅎ] 음가에 주의해서 발음한다.

손님 여러분, 우리 비행기는 **[선택]**

[선택 1]

❶ 일부 승객이 아직 탑승하지 않아
❷ 폭우(폭설/강풍/짙은 안개)로 인해
❸ **공항의 기상 상태가 좋지 않아

❹ 공항 제설 작업으로 인해
❺ 항공기 제설(서리 제거 작업)을 위한 순서를 기다리고 있어
❻ 공항이 혼잡해
❼ 일부 탑승하지 않은 승객의 짐을 내리고 있어
❽ 기내식(서비스 물품)을 추가 탑재하길 기다리고 있어
❾ 비행에 필요한 서류를 기다리고 있어
❿ 항공기 추가 점검이 필요해
⓫ (응급) 환자가 발생해 필요한 조치를 하고 있어
출발이 늦어지고 있습니다.

[선택 2]
❶ 잠시 후에 출발하겠습니다.
❷ 약 **분 후에 출발하겠습니다.

이 점 양해해주시기 바랍니다.

영어 실전 연습

- [-ed], 복수형 [s] 음가의 발음에 주의한다.
- 'removal', 'route', 'required', 'arrive', 'rain' 등의 [r] 발음에 주의한다.

Ladies and gentlemen, our departure is delayed/ [선택]

[선택 1]
❶ as we are waiting for several passengers to board.
❷ due to heavy rain(heavy snow/strong winds/heavy fog).
❸ due to unfavorable weather conditions at ** airport.
❹ due to snow removal at the airport.
❺ as we are waiting for our turn to remove snow(frost) from the aircraft.
❻ due to air traffic congestion on our route.
❼ as we are unloading some baggage from the cargo compartment.
❽ as we are waiting for some meals(in-flight items) to be loaded.
❾ as we are waiting for some documents to arrive.

⑩ as a technical check of this aircraft is required.

⑪ since we are taking care of a passenger who requires medical attention.

[선택 2]

❶ We expect to depart in a few minutes.

❷ We expect to depart in about ** minutes.

We ask for your patience.

Thank you.

[주의할 발음]

unfavorable **[ʌnféivərəbl]**	removal **[rimú:vəl]**	congestion **[kəndʒéstʃən]**
route **[ru:t]**	baggage **[bǽgidʒ]**	patience **[péiʃəns]**
[a], [e], [i], [o], [u] 등 모음 발음 앞에서는 '더'가 아니라 '디'로 발음된다. at the airport **[ði]**		
[-ed], 복수형 [s] 음가의 발음에 주의한다. delayed, loaded requires, passengers, winds, conditions, meals, items, documents		

2) preparation for departure

- preparation for departure 방송은 승객 탑승이 완료되고 운항에 필요한 서류, 기내식 등 필요 물품 탑재 여부를 확인하여 이상이 없을 때 사무장이 실시하는 방송이다. 통상 출발 5분 전에 실시한다.

손님 여러분, (***를 거쳐) ***(도시)까지 가는 **항공 ***편,
곧 출발하겠습니다.
기내에서 승무원의 업무를 방해하는 행위, 전자 담배를 포함한 흡연, 전자 기기 사용 기준 위반은 항공보안법에 따라 금지돼 있습니다.
감사합니다.

Ladies and gentlemen, this is **** flight *** bound for ***(도시) (via ***).
We will be departing shortly.
Aviation Security Laws prohibit smoking, disturbing crewmembers, and using non-approved electronic devices during the flight.
Thank you for your cooperation.

- 우리나라의 항공보안법 제23조와 제46조에서 관련 내용을 확인할 수 있다.

항공보안법 제23조	항공보안법 제46조
승객의 협조 의무에 관한 내용으로 '항공기 내에 있는 승객은 항공기와 승객의 안전한 운항과 여행을 위하여 다음 각 호의 어느 하나에 해당하는 행위를 하여서는 아니 된다'고 규정되어 있다. • 폭언, 고성방가 등 소란 행위의 경우 1000만 원 이하의 벌금에 처함 • 기장 등의 업무를 위계 또는 위력으로써 방해하는 행위는 5000만 원 이하의 벌금, 5년 이하의 징역에 처함	항공기 안전 운항 저해 폭행죄의 경우 다음과 같이 규정되어 있다. • 항공기 내에서 다른 사람을 폭행한 사람은 5년 이하의 징역에 처함 • 항공기의 보안이나 운항을 저해하는 폭행, 협박, 위계 행위 또는 출입문, 탈출구, 기기의 조작을 한 사람은 10년 이하의 징역에 처함

항공보안법

국제민간항공조약 부속서 제17조에 명시되어 있는 조항에 근거한 것으로 그 내용은 다음과 같다. "항공 보안이란 국제 민간 항공을 범죄로부터 보호하기 위하여 인력과 물자, 대책 등을 종합한 것이다." (A combination of measures and human and material resources intended to safeguard international civil aviation against acts of unlawful interference: ICAO Annex 17, Chapter 1, definition)

▲ ICAO ANEX 17, Chapter 1 'Definition of Security'

생각해보기 3

| **Question** 객실 승무원은 항공법과 항공보안법에 따라 항공기의 전자파 간섭을 방지하기 위해 운항 중 탑승객의 휴대용 전자 기기 사용을 제한할 수 있다. 그 이유가 무엇인지 생각해보자.

| **Answer** 부록 참조

한국어 실전 연습-장음과 모음

- [항:공], [전:자], [항:공보:안], [감:사]의 장음에 주의하면서 성의 있게 방송한다.
- 대한항공의 경우 [대:한항:공]으로 읽는다.
- ㅏ, ㅔ, ㅣ, ㅗ, ㅜ, ㅙ, ㅔ 등 모음의 음가를 정확히 발음할 수 있도록 연습한다(예: 행위, 금지돼, 위반).

> 손님 여러분, (***를 거쳐) ***(도시)까지 가는 **항:공 ***편, 곧 출발하겠습니다.
> 기내에서 승무원의 업무를 방해하는 행위, 전:자 담:배를 포함한 흡연, 전:자 기기 사용 기준 위반은 항:공보:안법에 따라 금:지돼 있습니다.
> 감:사합니다.

한국어 실전 연습-자음의 음가와 받침

- 대한항공의 경우 '대안항공'으로 들리지 않도록 [ㅎ] 음가에 주의해서 발음한다.
- '손님', '출발', '편' 등은 받침의 음가가 정확히 들리도록 발음한다.

> 손님 여러분, (***를 거쳐) ***(도시)까지 가는 **항공 ***편, 곧 출발하겠습니다.
> 기내에서 승무원의 업무를 방해하는 행위, 전자 담배를 포함한 흡연, 전자 기기 사용 기준 위반은 항공보안법에 따라 금지돼 있습니다.
> 감사합니다.

영어 실전 연습

- 정보 전달이 가장 중요하므로 편명과 목적지를 강조해서 방송한다.
- 문장마다 의미 전달에 중요한 단어를 강조해서 읽는다.
- 쉼표는 짧은 pause, 마침표는 긴 pause를 두고 그 외는 자연스럽게 이어서 읽는다.

Ladies and gentlemen, this is **** flight ***/ bound for ***(도시) (via ***).
We will be departing shortly.
Aviation Security Laws prohibit smoking, disturbing crewmembers,/ and using non-approved electronic devices during the flight.
Thank you for your cooperation.

[주의할 발음]

ladies **[léidiz]**	during **[dʊr-]**	via **[vaɪə;ˈviːə]**
gentlemen **[ˈdʒentlmən]**	flight vs freight **[flaɪt] [freɪt]**	cooperation vs coporation **[koʊˌɑːp-] [kɔ̀ːrpəréiʃən]**
복수형 [s] 음가의 발음에 주의한다. devices, Laws, crewmembers		

3) 일반 welcome

- welcome 방송은 항공기가 출발하기 위해 도어를 닫고 safety check를 한 후 모든 승무원이 담당 zone의 정해진 위치에서 대기 중임을 확인하고 방송 담당자가 실시한다. 승객에게 하는 환영의 인사인 만큼 정성스럽게 방송해야 한다.
- 항공기 기종별로 스크린이 장착되어 있지 않거나 설비 고장으로 사용이 불가한 경우 승무원이 직접 safety demonstration을 실연하므로 방송문을 선택해서 방송한다.

손님 여러분, 안녕하십니까?
스카이팀 회원사인 저희 **항공은 여러분의 탑승을 진심으로 환영합니다.
이 비행기는 (***를 거쳐) ***(도시)까지 가는 **항공 ***편입니다.

[선택] 출발이 지연된 경우
***** 관계로 출발이 예정보다 늦어진 점 널리 양해해주시기 바랍니다.
저희 승무원들은 여러분들께서 안전하고 편안하게 여행하실 수 있도록 정성을 다하겠습니다.
노트북 등 큰 전자 기기는 좌석 하단 또는 기내 선반에 보관해주시기 바랍니다.
비행 중 여러분의 안전을 담당하는 안전 요원인 승무원의 지시에 협조해주시기 바라며, 계속해서 잠시 화면을 주목해주시기 바랍니다(계속해서 승무원을 주목해주시기 바랍니다).

Good morning(afternoon/evening), ladies and gentleman.
We would like to welcome you on board ****, a member of SkyTeam.
This is flight ***, bound for ***(도시) (via ***).

[선택 1] 출발이 지연된 경우
We ask for your understanding as our flight has been delayed due to *****.
We appreciate your patience.

[선택 2] **현지 승무원 탑승 시**

We have (a) ***(국가) based cabin crew on board.

During the flight, our cabin crew will be happy to assist you in any way we can.

Larger devices such as laptops must be stowed in the overhead bins or under the seat in front of you.

Please cooperate with cabin crew who act as safety officers during the flight.

Also, we ask that you direct your attention to the video screens(cabin crew) for important safety information.

한국어 실전 연습-장음과 모음

- [항:공], [보:관], [계:속], [전:자], [좌:석]
- 전자: 電子[전:자], 前者[전자]
- 정성: 正聲[정:성], 精誠[정성]
- '회원', '관계', '예정', '계속' 등은 모음을 주의해서 발음한다.
- '회원사'가 '해언사'로, '승무원'이 '승무언'으로, '요원'이 '요언'으로 들리지 않도록 주의해서 발음한다.

손님 여러분, 안녕하십니까?

스카이팀 회원사인 저희 **항:공은 여러분의 탑승을 진심으로 환영합니다.

이 비행기는 (***를 거쳐) ***(도시)까지 가는 **항:공 ***편입니다.

[선택] **출발이 지연된 경우**

***** 관계로 출발이 예정보다 늦어진 점 널리 양해해주시기 바랍니다.

저희 승무원들은 여러분들께서 안전하고 편안하게 여행하실 수 있도록 정성을 다하겠습니다.

노트북 등 큰 전:자 기기는 좌:석 하단 또는 기내 선반에 보:관해주시기 바랍니다.
비행 중 여러분의 안전을 담당하는 안전 요원인 승무원의 지시에 협조해주시기 바라며, 계:속해서 잠시 화면을 주목해주시기 바랍니다(계:속해서 승무원을 주목해주시기 바랍니다).

한국어 실전 연습-자음의 음가와 받침

- '항공'의 받침과 [ㅎ] 음가에 주의해서 발음한다.
- '환영', '양해해'의 [ㅎ] 음가에 주의해서 발음한다.

손님 여러분, 안녕하십니까?
스카이팀 회원사인 저희 **항공은 여러분의 탑승을 진심으로 환영합니다.
이 비행기는 (***를 거쳐) ***(도시)까지 가는 **항공 ***편입니다.

[선택] 출발이 지연된 경우
***** 관계로 출발이 예정보다 늦어진 점 널리 양해해주시기 바랍니다.

저희 승무원들은 여러분들께서 안전하고 편안하게 여행하실 수 있도록 정성을 다하겠습니다.
노트북 등 큰 전자 기기는 좌석 하단 또는 기내 선반에 보관해주시기 바랍니다.
비행 중 여러분의 안전을 담당하는 안전 요원인 승무원의 지시에 협조해주시기 바라며, 계속해서 잠시 화면을 주목해주시기 바랍니다(계속해서 승무원을 주목해주시기 바랍니다).

영어 실전 연습

- [-ed], 복수형 [s] 음가의 발음에 주의한다.

Good morning(afternoon/evening), ladies and gentleman.
We would like to welcome you on board ****, a member of SkyTeam.
This is flight ***, bound for ***(도시) (via ***).

[선택 1] 출발이 지연된 경우

We ask for your understanding as our flight has been delayed/ due to *****.
We appreciate your patience.

[선택 2] 현지 승무원 탑승 시

We have (a) ***(국가) based cabin crew on board.

During the flight, our cabin crew will be happy to assist you in any way we can.
Larger devices such as laptops must be stowed in the overhead bins/ or under the seat in front of you.
Please cooperate with cabin crew who act as safety officers during the flight.
Also, we ask that you direct your attention to the video screens(cabin crew) for important safety information.

[주의할 발음]

due **[du:]**	cooperate **[koʊˈɑ:p-]**
in the overhead bins **[ði]**	
복수형 [s] 음가의 발음에 주의한다. devices, laptops, bins, officers, screens	

생각해보기 4

welcome 방송 및 특수 상황의 방송 멘트를 생각해보자.

• **새해 인사에 어울리는 인사말을 넣어보자.**

__________ 이 비행기는 (***를 거쳐) ***(도시)까지 가는 스카이팀 회원사인 **항공 ***편입니다.
Good morning(afternoon/evening), ladies and gentlemen!
__________ Welcome on board ****, a member of SkyTeam, flight ***, bound for ***(도시) (via ***).

• **성탄절에 어울리는 인사말을 넣어보자.**

손님 여러분, 안녕하십니까?
__________ 이 비행기는 (***를 거쳐) ***(도시)까지 가는 스카이팀 회원사인 **항공 ***편입니다.
Good morning(afternoon/evening), ladies and gentlemen!
__________ Welcome on board ****, a member of SkyTeam, flight ***, bound for ***(도시) (via ***).

4) 특수 상황의 welcome(단체 승객 탑승 시)

- 국내선 비행 시 단체 승객의 요청이 있는 경우 welcome 방송 서두에 단체명을 넣어 환영 인사를 하기도 한다.

손님 여러분, 안녕하십니까?
그리고 오늘 이 비행기에 탑승하신 ***(단체명) 여러분, 진심으로 환영합니다.
이 비행기는 (***를 거쳐) ***(도시)까지 가는 스카이팀 회원사인 **항공 ***편입니다.

[선택] 출발이 지연된 경우

***** 관계로 출발이 예정보다 늦어진 점 널리 양해해주시기 바랍니다.

저희 승무원들은 여러분들께서 안전하고 편안하게 여행하실 수 있도록 정성을 다하겠습니다.
노트북 등 큰 전자 기기는 좌석 하단 또는 기내 선반에 보관해주시기 바랍니다.
비행 중 여러분의 안전을 담당하는 안전 요원인 승무원의 지시에 협조해주시기 바라며, 계속해서 잠시 화면을 주목해주시기 바랍니다(계속해서 승무원을 주목해주시기 바랍니다).

Good morning(afternoon/evening), ladies and gentlemen.
We would like to extend a special welcome to ***(단체명).
This is ****, a member of SkyTeam, flight ***, bound for ***(도시) (via ***).

[선택 1] 출발이 지연된 경우

We ask for your understanding as our flight has been delayed due to *****.
We appreciate your patience.

[선택 2] **현지 승무원 탑승 시**

We have (a) ***(국가) based cabin crew on board.

During the flight, our cabin crew will be happy to assist you in any way we can.
Larger devices such as laptops must be stowed in the overhead bins or under the seat in front of you.
Please cooperate with cabin crew who act as safety officers during the flight.
Also, we ask that you direct your attention to the video screens(cabin crew) for important safety information.

한국어 실전 연습–장음과 모음

- '손님', '안녕', '환영'의 모음을 정확히 발음한다.
- [항:공]의 장음에 주의한다.

손님 여러분, 안녕하십니까?
그리고 오늘 이 비행기에 탑승하신 ***(단체명) 여러분, 진심으로 환영합니다.
이 비행기는 (***를 거쳐) ***(도시)까지 가는 스카이팀 회원사인 **항:공 ***편 입니다.

[선택] **출발이 지연된 경우**
***** 관계로 출발이 예정보다 늦어진 점 널리 양해해주시기 바랍니다.

저희 승무원들은 여러분들께서 안전하고 편안하게 여행하실 수 있도록 정성을 다하겠습니다.
노트북 등 큰 전:자 기기는 좌:석 하단 또는 기내 선반에 보:관해주시기 바랍니다.
비행 중 여러분의 안전을 담당하는 안전 요원인 승무원의 지시에 협조해주시기 바라며, 계:속해서 잠시 화면을 주목해주시기 바랍니다(계:속해서 승무원을 주목해주시기 바랍니다).

한국어 실전 연습-자음

- '항공'의 받침과 [ㅎ] 음가에 주의해서 발음한다.
- '손님 여러분'이 '소니 여러부'처럼 들리지 않도록 받침에 주의해서 발음한다.
- '회원사'가 '해언사'로 들리지 않도록 주의해서 발음한다.

손님 여러분, 안녕하십니까?
그리고 오늘 이 비행기에 탑승하신 ***(단체명) 여러분, 진심으로 환영합니다.
이 비행기는 (***를 거쳐) ***(도시)까지 가는 스카이팀 회원사인 **항공 ***편 입니다.

[선택] 출발이 지연된 경우
***** 관계로 출발이 예정보다 늦어진 점 널리 양해해주시기 바랍니다.

저희 승무원들은 여러분들께서 안전하고 편안하게 여행하실 수 있도록 정성을 다하겠습니다.
노트북 등 큰 전자 기기는 좌석 하단 또는 기내 선반에 보관해주시기 바랍니다.
비행 중 여러분의 안전을 담당하는 안전 요원인 승무원의 지시에 협조해주시기 바라며, 계속해서 잠시 화면을 주목해주시기 바랍니다(계속해서 승무원을 주목해주시기 바랍니다).

영어 실전 연습

- 단체명과 편명, 목적지는 중요한 정보인 만큼 강세를 주어 방송한다.
- 'ladies and gentlemen'은 한 단어처럼 이어서 읽고 'and'를 강조하지 않는다.
- 'we', 'would', 'welcome'은 입 모양을 주의해서 발음한다.

Good morning(afternoon/evening), ladies and gentlemen.
We would like to extend a special welcome to ***(단체명).
This is ****,/ a member of SkyTeam,/ flight ***,/ bound for ***(도시) (via ***).

[선택 1] 출발이 지연된 경우

We ask for your understanding as our flight has been delayed/ due to *****. We appreciate your patience.

[선택 2] 현지 승무원 탑승 시

We have (a) ***(국가) based cabin crew on board.

During the flight, our cabin crew will be happy to assist you in any way we can. Larger devices such as laptops must be stowed in the overhead bins/ or under the seat in front of you.
Please cooperate with cabin crew who act as safety officers during the flight.
Also, we ask that you direct your attention to the video screens(cabin crew) for important safety information.

5) 연결편 비행의 welcome

▲ 공항 내 환승 라운지

(1) 중간 기착지(寄着地)에서 탑승하는 승객이 있는 경우

- 항공기가 최종 목적지에 도착하기 전에 다른 공항에 잠시 머무르는 경우(stop over) 승무원이 교체되기도 하고 승객이 하기하거나 추가 탑승하기도 한다.

손님 여러분, 안녕하십니까?
계속해서 ***(목적지 도시)를 향해 출발하겠습니다.
***(중간 경유지 도시)에서 탑승하신 손님 여러분의 탑승을 진심으로 환영합니다.
이 비행기는 ***(목적지 도시)까지 가는 스카이팀 회원사인 **항공 *** 편입니다.

[선택 1] 공동 운항인 경우
이 비행기는 ***(목적지 도시)까지 가는 **항공 ***편이며 ****(항공사)과 공동 운항하고 있습니다.

[선택 2] **출발이 지연된 경우**

***** 관계로 출발이 예정보다 늦어진 점 널리 양해해주시기 바랍니다.

저희 승무원들은 여러분들께서 안전하고 편안하게 여행하실 수 있도록 정성을 다하겠습니다.
노트북 등 큰 전자 기기는 좌석 하단 또는 기내 선반에 보관해주시기 바랍니다.
비행 중 여러분의 안전을 담당하는 안전 요원인 승무원의 지시에 협조해주시기 바라며, 계속해서 잠시 화면을 주목해주시기 바랍니다(계속해서 승무원을 주목해주시기 바랍니다).

Ladies and gentlemen, this is the continuation of ****, a member of SkyTeam, flight *** bound for ***.

[선택 1] **공동 운항인 경우 'bound for ***'에 이어서 방송**

code-sharing with ****(항공사)

[선택 2] **출발이 지연된 경우**

We ask for your understanding as our flight has been delayed due to *****.
We appreciate your patience.

[선택 3] **현지 승무원 탑승 시**

We have (a) ***(국가) based cabin crew on board.

During the flight, our cabin crew will be happy to assist you in any way we can.
Larger devices such as laptops must be stowed in the overhead bins or under the seat in front of you.
Please cooperate with cabin crew who act as safety officers during the flight.
Also, we ask that you direct your attention to the video screens(cabin crew) for important safety information.

한국어 실전 연습-장음과 모음

- [계:속], [항:공]의 장음에 주의한다.
- '환영'이 '한영'으로 들리지 않도록 주의해서 발음한다.

손님 여러분, 안녕하십니까?
계:속해서 ***(목적지 도시)를 향해 출발하겠습니다.
***(중간 경유지 도시)에서 탑승하신 손님 여러분의 탑승을 진심으로 환영합니다.
이 비행기는 ***(목적지 도시)까지 가는 스카이팀 회원사인 **항:공 ***편입니다.

[선택 1] 공동 운항인 경우
이 비행기는 ***(목적지 도시)까지 가는 **항:공 ***편이며 ****(항공사)과 공동 운항하고 있습니다.

[선택 2] 출발이 지연된 경우
***** 관계로 출발이 예정보다 늦어진 점 널리 양해해주시기 바랍니다.

저희 승무원들은 여러분들께서 안전하고 편안하게 여행하실 수 있도록 정성을 다하겠습니다.
노트북 등 큰 전:자 기기는 좌:석 하단 또는 기내 선반에 보:관해주시기 바랍니다.
비행 중 여러분의 안전을 담당하는 안전 요원인 승무원의 지시에 협조해주시기 바라며, 계:속해서 잠시 화면을 주목해주시기 바랍니다(계:속해서 승무원을 주목해주시기 바랍니다).

한국어 실전 연습-자음의 음가와 받침

- '손님', '계속', '탑승', '항공', '비행기', '공동 운항'의 받침을 주의해서 발음한다.

손님 여러분, 안녕하십니까?
계속해서 ***(목적지 도시)를 향해 출발하겠습니다.
***(중간 경유지 도시)에서 탑승하신 손님 여러분의 탑승을 진심으로 환영합니다.
이 비행기는 ***(목적지 도시)까지 가는 스카이팀 회원사인 **항공 ***편입니다.

[선택 1] 공동 운항인 경우

이 비행기는 ***(목적지 도시)까지 가는 **항공 ***편이며 ****(항공사)과 공동 운항하고 있습니다.

[선택 2] 출발이 지연된 경우

***** 관계로 출발이 예정보다 늦어진 점 널리 양해해주시기 바랍니다.

저희 승무원들은 여러분들께서 안전하고 편안하게 여행하실 수 있도록 정성을 다하겠습니다.
노트북 등 큰 전자 기기는 좌석 하단 또는 기내 선반에 보관해주시기 바랍니다.
비행 중 여러분의 안전을 담당하는 안전 요원인 승무원의 지시에 협조해주시기 바라며, 계속해서 잠시 화면을 주목해주시기 바랍니다(계속해서 승무원을 주목해주시기 바랍니다).

대구 및 인천, 국제선 환승 전용 '내항기' 운항

대구에서 인천공항을 거쳐 출입국하는 여행객의 편의가 대폭 개선될 예정이다. 대구시에 따르면 국토교통부가 현재 대구공항-인천공항 국내선을 운항하고 있는 대한항공 항공편을 국제선 환승 전용 내항기로 전환한다고 알려졌다.

내항기란 국내 구간을 운항하는 항공편이지만 운항 자격은 국제선에 준하는 것으로, 이를 이용할 경우 인천공항에서 받는 출입국 심사 절차를 생략할 수 있고 수하물 역시 인천공항은 단순히 거쳐 가는 환승 공항 역할이 되기 때문에 수하물 위탁, 수취 모두 대구공항에서 할 수 있다.

대구공항에서는 운항하지 않는 미주, 유럽 등 국제선 항공편을 이용하기 위해서는 인천공항을 이용할 수밖에 없으나 현행 절차상으로는 대구-인천 혹은 대구-김포 국내선 항공편을 이용한 후 다시 국제선 터미널에서 수속을 밟고 출국 심사를 거쳐야 한다. 반대로 입국할 때도 인천공항 입국 심사를 거친 후 짐을 찾아 다시 대구행 항공편 수속을 밟아야 한다. 그러나 국제선 환승 전용 내항기를 이용하면 대구-인천 구간 역시 국제선으로 인정되기 때문에 인천공항에서 거쳐야 하는 출입국 심사, 수하물 수취 등의 번거로움이 사라짐으로써 대구공항에서 출발하여 인천공항에서 국제선 항공편을 이용하는 이용객의 편의가 대폭 개선될 것으로 보인다.

현재 국제선 환승 전용 내항기는 부산-인천 구간에서 운항되고 있으며, 대구공항은 두 번째로 대구-인천을 운항하는 대한항공 2편이 모두 내항기로 전환된다.

출처: 항공 여행 정보(https://airtravelinfo.kr/xe/air_news/1246610)

영어 실전 연습

• 정보 전달이 가장 중요하므로 편명과 목적지를 강조해서 방송한다.

Ladies and gentlemen,/ this is the continuation of ****, a member of SkyTeam,/ flight *** bound for ***.

[선택 1] 공동 운항인 경우 'bound for ***'에 이어서 방송

code-sharing with ****(항공사)

[선택 2] 출발이 지연된 경우

We ask for your understanding as our flight has been delayed/ due to *****. We appreciate your patience.

[선택 3] 현지 승무원 탑승 시

We have (a) ***(국가) based cabin crew on board.

During the flight, our cabin crew will be happy to assist you in any way we can. Larger devices such as laptops must be stowed in the overhead bins/ or under the seat in front of you.
Please cooperate with cabin crew who act as safety officers during the flight.
Also, we ask that you direct your attention to the video screens(cabin crew) for important safety information.

[주의할 발음]

continuation **[kəntìnjuéiʃən]**	sharing **[ʃέəriŋ]**

(2) 중간 기착지에서 탑승하는 승객이 없는 경우

손님 여러분, 안녕하십니까?
스카이팀 회원사인 저희 **항공과 함께해주셔서 감사합니다.
계속해서 ***(목적지 도시)를 향해 출발하겠습니다.
저희 승무원들은 목적지까지 여러분께서 안전하고 편안하게 여행하실 수 있도록 정성을 다하겠습니다.

[선택] **출발이 지연된 경우**

***** 관계로 출발이 예정보다 늦어진 점 널리 양해해주시기 바랍니다.

노트북 등 큰 전자 기기는 좌석 하단 또는 기내 선반에 보관해주시기 바랍니다.
비행 중 여러분의 안전을 담당하는 안전 요원인 승무원의 지시에 협조해주시기 바라며, 계속해서 잠시 화면을 주목해주시기 바랍니다(계속해서 승무원을 주목해주시기 바랍니다).

Ladies and gentlemen, this is the continuation of ****, a member of SkyTeam, flight *** bound for ***.

[선택 1] **공동 운항인 경우 'bound for ***'에 이어서 방송**

code-sharing with ****(항공사)

[선택 2] **출발이 지연된 경우**

We ask for your understanding as our flight has been delayed due to *****.
We appreciate your patience.

[선택 3] **현지 승무원 탑승 시**

We have (a) ***(국가) based cabin crew on board.

During the flight, our cabin crew will be happy to assist you in any way we can.
Larger devices such as laptops must be stowed in the overhead bins or under the seat in front of you.
Please cooperate with cabin crew who act as safety officers during the flight.
Also, we ask that you direct your attention to the video screens(cabin crew) for important safety information.

한국어 실전 연습–장음과 모음

- '회원사'가 '해언사'로 들리지 않도록 주의해서 발음한다.
- [계:속], [항:공]의 장음에 주의한다.

손님 여러분, 안녕하십니까?
스카이팀 회원사인 저희 **항:공과 함께해주셔서 감사합니다.
계:속해서 ***(목적지 도시)를 향해 출발하겠습니다.
저희 승무원들은 목적지까지 여러분께서 안전하고 편안하게 여행하실 수 있도록 정성을 다하겠습니다.

[선택] 출발이 지연된 경우
***** 관계로 출발이 예정보다 늦어진 점 널리 양해해주시기 바랍니다.

노트북 등 큰 전:자 기기는 좌:석 하단 또는 기내 선반에 보:관해주시기 바랍니다.
비행 중 여러분의 안전을 담당하는 안전 요원인 승무원의 지시에 협조해주시기 바라며, 계:속해서 잠시 화면을 주목해주시기 바랍니다(계:속해서 승무원을 주목해주시기 바랍니다).

한국어 실전 연습–자음의 음가와 받침

- '항공', '저희'의 [ㅎ] 음가에 주의해서 발음한다.

손님 여러분, 안녕하십니까?
스카이팀 회원사인 저희 **항공과 함께해주셔서 감사합니다.
계속해서 ***(목적지 도시)를 향해 출발하겠습니다.
저희 승무원들은 목적지까지 여러분께서 안전하고 편안하게 여행하실 수 있도록 정성을 다하겠습니다.

[선택] 출발이 지연된 경우
***** 관계로 출발이 예정보다 늦어진 점 널리 양해해주시기 바랍니다.

노트북 등 큰 전자 기기는 좌석 하단 또는 기내 선반에 보관해주시기 바랍니다.
비행 중 여러분의 안전을 담당하는 안전 요원인 승무원의 지시에 협조해주시기 바라며,
계속해서 잠시 화면을 주목해주시기 바랍니다(계속해서 승무원을 주목해주시기 바랍니다).

영어 실전 연습

- 정보 전달이 가장 중요하므로 편명과 목적지를 강조해서 방송한다.

Ladies and gentlemen,/ this is the continuation of ****, a member of SkyTeam,/ flight *** bound for ***(목적지 도시).

[선택 1] 공동 운항인 경우 'bound for ***'에 이어서 방송
code-sharing with ****(항공사)

[선택 2] 출발이 지연된 경우
We ask for your understanding as our flight has been delayed due to *****.
We appreciate your patience.

[선택 3] 현지 승무원 탑승 시

We have (a) ***(국가) based cabin crew on board.

During the flight, our cabin crew will be happy to assist you in any way we can. Larger devices such as laptops must be stowed in the overhead bins or under the seat in front of you.

Please cooperate with cabin crew who act as safety officers during the flight.

Also, we ask that you direct your attention to the video screens(cabin crew) for important safety information.

6) safety demonstration(국제선)

- 항공기에 비디오 스크린이 장착되어 있지 않거나 고장이 났을 때는 승무원이 직접 실연을 한다. 이때 safety demonstration 방송도 실시한다.
- 모든 승무원이 해당 구역에서 실연을 위해 정위치에 있는지 확인한 후 적당한 속도를 유지하면서 방송을 실시한다.

지금부터 비상구 위치와 비상 장비 사용법에 대해 안내해드리겠습니다.
잠시 주목해주시기 바랍니다.
Ladies and gentlemen, we will now show you the safety features of this aircraft.
Please direct your attention to our cabin crew.

이 비행기의 비상구는 모두 **개[1]로 좌우에 각각 있습니다.
There are ** emergency exits on both sides of the aircraft.

1 항공기 기종별 도어 개수

항공기 기종	비상구 (passenger door)	비고 (overwing window exit가 포함된 경우)
B747-400	12개	×
B777-200	8개	×
B777-300	10개	×
B737-800/900	8개	4개 포함
B737-MAX8	8개	4개 포함
A320-CEO	8개	4개 포함
A321-200	8개	×
A321NEO	8개	×
A330-200/300	8개	×
A350XWB	8개	×
CS300 (A220-300)	6개	2개 포함 봄바디어(Bombardier)가 제작한 CS300은 에어버스(Airbus)가 인수하여 A220-300으로 명칭이 변경됨
A380	16개	×

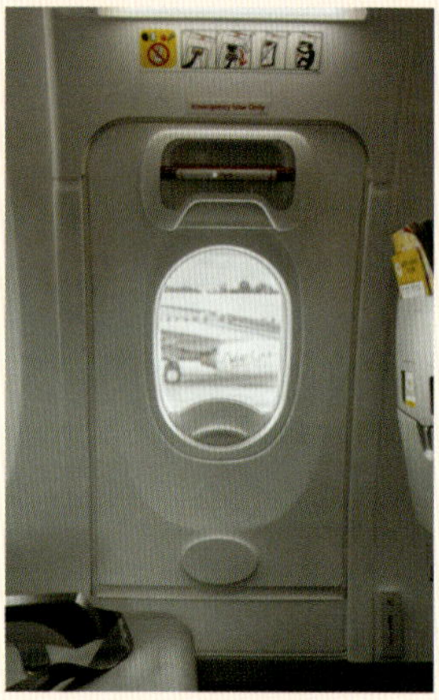
▲ overwing window exit

만일의 경우에 대비해 여러분의 좌석에서 가장 가까운 비상구 위치를 확인하시기 바랍니다.

Please take a moment to locate the nearest exit from your seat.

비상시 비행기의 전원이 꺼질 경우 비상구까지 유도등이 통로에 켜지게 됩니다.

If there is a loss of power in an emergency, emergency track light will turn on and guide you to the exits.

좌석 벨트 사인이 켜지면 반드시 좌석 벨트를 매주십시오.

Please fasten your seatbelt when the seatbelt sign is on.

벨트는 버클을 끼워 허리 아래로 내려서 조여주시고 풀 때는 덮개를 들어 올리면 됩니다.

To fasten your seatbelt, insert the link into the main buckle and tighten the strap across your hips securely.

To release the seatbelt, raise the flap of the buckle.

산소 마스크는 선반 속에 있으며 산소 공급이 필요한 비상시에 저절로 내려옵니다.

Your oxygen mask is in the overhead compartment and it will drop automatically when needed.

마스크가 내려오면 앞으로 잡아당겨 코와 입에 대시고 끈으로 머리에 고정해 주십시오.

When the mask drops, pull it toward you and cover your nose and mouth, then adjust the elastic head band.

도움이 필요한 동반자가 있을 때는 먼저 착용하신 후 도와주시기 바랍니다.

Please put your mask on first and then help someone who may need your assistance.

여러분의 좌석(또는 팔걸이)[2] 아래에 있는 구명복은 비행기가 바다에 내렸을 경우 사용하시게 됩니다.

Your life vest is located under your seat (or beside your seat) for use in an emergency landing on the water.

착용하실 때는 머리 위에서부터 입으시고, 양팔을 끼운 다음 끈을 아래로 당기십시오.

노란색 손잡이를 양옆으로 잡아당겨 몸에 맞도록 조절해주십시오.

To put the vest on, slip it over your head, then adjust the strap around your waist.

구명복은 기내에서 부풀지 않도록 유의해주시고, 부풀릴 때는 탈출 직전 비상구 앞에서 붉은색 손잡이를 당기시면 됩니다.

Please do not inflate the vest inside the aircraft.

To inflate the vest pull the red tab(s)[3] down in front of an exit door just before leaving the aircraft.

충분히 부풀지 않을 때는 고무판을 힘껏 불어주십시오.

You can also inflate it by blowing into the tube(s)[3].

〈B737 기종이 아닌 경우〉[4]

또한 비상구마다 장착된 탈출 미끄럼대를 구명보트로 사용하실 수 있습니다.

Each door is equipped with an escape slide that can also be detached and used as a life raft.

---

2 상위 클래스 좌석 하단이 전기 설비 등으로 공간이 메워진 기종의 경우 팔걸이 하단 부분에 구명복을 보관한다.

3 구명복의 형태에 따라 구사양은 공기가 들어가는 공간(chamber)이 나뉘어 있어 공기를 불어넣는 고무관도 어깨 양쪽에 각각 하나씩 있다. 이 경우 복수형으로 읽어야 한다. PRAM을 이용하여 safety demonstration 방송을 하는 경우 기종별로 탑재된 구명복 형태에 따라 방송문이 녹음되어 있다[예: CS300(A220-300)은 tube, tab 등 단수형으로 발음하며 PRAM도 단수형으로 녹음되어 있다].

4 B737은 비상 착수를 한 경우 항공기 후미가 바다에 잠기므로 후미 쪽 항공기 도어를 개방할 수 없다.

〈B737 기종으로 해상 비행을 하는 경우〉[5]

또한 앞쪽 비상구에 장착된 탈출 미끄럼대는 부유물로 사용하실 수 있습니다.
구명보트는 가운데 선반에 탑재되어 있으니 승무원의 안내에 따라 사용해주시기 바랍니다.
The front exits are equipped with a detachable slide that can be used as a life raft.
Life rafts are located in the overhead bins in the middle area of the airplane.
Please follow the instructions of our cabin crew.

보다 자세한 사항은 앞 좌석 주머니에 있는 안내문을 참고하시기 바랍니다.
For more information, please refer to the safety information card in your seat pocket.

아울러 안내문에 설명된 바와 같이 비상구 좌석에 앉으신 분께서는 비상시 저희 승무원과 함께 다른 승객의 탈출을 돕도록 돼 있습니다.
여러분의 적극적인 협조를 부탁드립니다.
If you are seated in an exit seat, you must be able to assist other passengers in an emergency.
Your cooperation is greatly appreciated.

아울러 비행기 내에서의 흡연은 엄격히 금지돼 있음을 알려드립니다.
Also, we'd like to remind you that smoking is strictly prohibited during the flight.

감사합니다.

5 B737은 비상 착수를 한 경우 항공기 후미가 바다에 잠기므로 후미 쪽 항공기 도어를 개방할 수 없고 앞쪽 항공기 도어를 개방할 수 있으나 탈출 미끄럼대가 slide 타입이고 slide raft 겸용이 아니다. 따라서 B737이 해상 비행을 하는 경우 분리형 raft를 객실 선반에 탑재해야 운항이 가능하다.

한국어 실전 연습–장음과 모음

- '좌우', '좌석', '좌석 벨트'가 '자우', '자석', '자석 벨트'로 들리지 않도록 주의해서 발음한다.
- '장착된'이 '장착덴'으로, '고무관'이 '고무간'으로 들리지 않도록 주의해서 발음한다.
- '됩니다'가 '뎁니다'로, '금지돼'가 '금지데'로 들리지 않도록 주의해서 발음한다.

지금부터/ 비상구 위치와 비:상 장비 사용법에 대해 안:내해드리겠습니다.
잠:시 주:목해주시기 바랍니다.
이 비행기의 비:상구는 모두 **개로 좌우에 각각 있습니다.
만일의 경우에 대비해/ 여러분의 좌:석에서 가장 가까운 비:상구 위치를/ 확인하시기 바랍니다.
비:상시 비행기의 전원이 꺼질 경우 비:상구까지 유도등이 통로에 켜지게 됩니다.
좌:석 벨트 사인이 켜지면/ 반드시 좌:석 벨트를 매:주십시오.
벨트는 버클을 끼워 허리 아래로 내려서 조여주시고/ 풀 때는 덮개를 들어 올리면 됩니다.
산소 마스크는 선반 속:에 있으며/ 산소 공급이 필요한 비:상시에 저절로 내려옵니다.
마스크가 내려오면 앞으로 잡아당겨/ 코와 입에 대시고/ 끈으로 머리에 고정해주십시오.
도움이 필요한 동반자가 있을 때는/ 먼저 착용하신 후 도와주시기 바랍니다.
여러분의 좌:석(또는 팔걸이) 아래에 있는 구명복은/ 비행기가 바다에 내렸을 경우 사용하시게 됩니다.
착용하실 때는 머리 위에서부터 입으시고, 양팔을 끼운 다음 끈을 아래로 당기십시오.
노란색 손잡이를 양옆으로 잡아당겨 몸에 맞도록 조절해주십시오.
구명복은 기내에서 부풀지 않도록 유의해주시고, 부풀릴 때는 탈출 직전 비상구 앞에서 붉은색 손잡이를 당기시면 됩니다.
충분히 부풀지 않을 때는/ 고무관을 힘껏 불어주십시오.

〈B737 기종이 아닌 경우〉
또한 비:상구마다 장착된 탈출 미끄럼대를 구명보트로 사용하실 수 있습니다.

〈B737 기종으로 해상 비행을 하는 경우〉
또한 앞쪽 비:상구에 장착된 탈출 미끄럼대는 부유물로 사용하실 수 있습니다.

구명보트는 가운데 선반에 탑재되어 있으니 승무원의 안:내에 따라 사용해주시기 바랍니다.

보다 자세한 사항은/ 앞 좌석 주머니에 있는 안:내문을 참고하시기 바랍니다.
아울러 안:내문에 설명된 바와 같이/ 비:상구 좌:석에 앉으신 분께서는/ 비:상시 저희 승무원과 함께/ 다른 승객의 탈출을 돕도록 돼 있습니다.
여러분의 적극적인 협조를 부탁드립니다.
아울러 비행기 내에서의 흡연은 엄격히 금:지돼 있음을 알려드립니다.
감사합니다.

한국어 실전 연습-자음의 음가와 받침

• [ㅎ] 음가에 주의한다.

지금부터/ 비상구 위치와 비상 장비 사용법에 대해 안내해드리겠습니다.
잠시 주목해주시기 바랍니다.
이 비행기의 비상구는 모두 **개로 좌우에 각각 있습니다.
만일의 경우에 대비해/ 여러분의 좌석에서 가장 가까운 비상구 위치를/ 확인하시기 바랍니다.
비상시 비행기의 전원이 꺼질 경우 비상구까지 유도등이 통로에 켜지게 됩니다.
좌석 벨트 사인이 켜지면/ 반드시 좌석 벨트를 매주십시오.
벨트는 버클을 끼워 허리 아래로 내려서 조여주시고/ 풀 때는 덮개를 들어 올리면 됩니다.
산소 마스크는 선반 속에 있으며/ 산소 공급이 필요한 비상시에 저절로 내려옵니다.
마스크가 내려오면 앞으로 잡아당겨/ 코와 입에 대시고/ 끈으로 머리에 고정해주십시오.
도움이 필요한 동반자가 있을 때는/ 먼저 착용하신 후 도와주시기 바랍니다.
여러분의 좌석(또는 팔걸이) 아래에 있는 구명복은/ 비행기가 바다에 내렸을 경우 사용하시게 됩니다.
착용하실 때는 머리 위에서부터 입으시고, 양팔을 끼운 다음 끈을 아래로 당기십시오.
노란색 손잡이를 양옆으로 잡아당겨 몸에 맞도록 조절해주십시오.
구명복은 기내에서 부풀지 않도록 유의해주시고, 부풀릴 때는 탈출 직전 비상구 앞에서 붉은색 손잡이를 당기시면 됩니다.
충분히 부풀지 않을 때는/ 고무관을 힘껏 불어주십시오.

〈B737 기종이 아닌 경우〉
또한 비상구마다 장착된 탈출 미끄럼대를 구명보트로 사용하실 수 있습니다.

〈B737 기종으로 해상 비행을 하는 경우〉
또한 앞쪽 비상구에 장착된 탈출 미끄럼대는 부유물로 사용하실 수 있습니다.
구명보트는 가운데 선반에 탑재되어 있으니 승무원의 안내에 따라 사용해주시기 바랍니다.

보다 자세한 사항은/ 앞 좌석 주머니에 있는 안내문을 참고하시기 바랍니다.
아울러 안내문에 설명된 바와 같이/ 비상구 좌석에 앉으신 분께서는/ 비상시 저희 승무원과 함께/ 다른 승객의 탈출을 돕도록 돼 있습니다.
여러분의 적극적인 협조를 부탁드립니다.
아울러 비행기 내에서의 흡연은 엄격히 금지돼 있음을 알려드립니다.
감사합니다.

영어 실전 연습

Ladies and gentlemen,/ we will now show you/ the safety features of this aircraft.
Please direct your attention to our cabin crew.
There are emergency exits/ on both sides of the aircraft.
Please take a moment/ to locate the nearest exit from your seat.
If there is a loss of power in an emergency,/ emergency track light will turn on and guide you to the exits.
Please fasten your seatbelt/ when the seatbelt sign is on.
To fasten your seatbelt,/ insert the link into the main buckle/ and tighten the strap across your hips securely.
To release the seatbelt,/ raise the flap of the buckle.
Your oxygen mask is in the overhead compartment/ and it will drop automatically when needed.
When the mask drops,/ pull it toward you/ and cover your nose and mouth,/ then adjust the elastic head band.

Please put your mask on first/ and then help someone who may need your assistance.

Your life vest is located under your seat (or beside your seat)/ for use in an emergency landing on the water.

To put the vest on,/ slip it over your head,/ then adjust the strap around your waist.

Please do not inflate the vest inside the aircraft.

To inflate the vest,/ pull the red tab(s) down in front of an exit door/ just before leaving the aircraft.

You can also inflate it/ by blowing into the tube(s).

〈B737 기종이 아닌 경우〉

Each door is equipped with an escape slide/ that can also be detached/ and used as a life raft.

〈B737 기종으로 해상 비행을 하는 경우〉

The front exits are equipped with a detachable slide/ that can be used as a life raft.

Life raft are located in the overhead bins/ in the middle area of the airplane.

Please follow the instructions of our cabin crew.

For more information,/ please refer to the safety information card in your seat pocket.

If you are seated in an exit seat,/ you must be able to assist other passengers in an emergency.

Your cooperation is greatly appreciated.

Also,/ we'd like to remind you/ the smoking is strictly prohibited during the flight.

[주의할 발음]

features **[fi:tʃə(r)]**	seatbelt **[si:tbelt]**	release **[rɪli:s]**
overhead **[oʊvərhed]**	adjust **[ədʒʌst]**	leaving **[lí:viŋ]**
blowing **[blóuiŋ]**	equipped **[ɪkwɪpt]**	detached **[ditǽʧt]**
detachable **[dɪtætʃəbl]**	cooperation **[kəʊɒpəreɪʃən]**	strictly **[strɪktli]**
prohibited **[prouhíbitid]**	direct **[dərekt;dɪ-;daɪ-]**	
the aircraft, in the overhead, the elastic head band, the exits **[ði] [ði] [ði] [ði]**		
[-ed], 복수형 [s] 음가의 발음에 주의한다. needed, equipped, used, located, seated, appreciated, prohibited features, exits, sides, hips, instructions, passengers, drops, instructions		

이색 기내 방송

다음은 2005년 1월 22일 타이베이행 대한항공 KE691 편 김종식 기장의 정규 방송이다.

"대만은 한국과 계절도 다르고 지역적인 온도 차가 몹시 심합니다. 감기에 걸리지 않도록 조심하시고, 대만에 사업차 가시는 분들이 많은 걸로 아는데 올 을유년 새해에는 좋은 성과 많이 거두시길 바랍니다."

보통의 경우 운항 고도와 속도, 도착지 날씨를 안내하는 간단한 방송이지만 이 기내 방송은 승객을 소중히 여기는 마음이 전해지는 색다른 방송으로 승객의 관심을 끌었다. 김종식 기장은 승객이 편안한 마음으로 안전에 대한 믿음을 갖고 여행하도록 할 방법을 생각하다가 특별한 방송을 하게 되었다고 한다. 그는 평소에 소재거리를 발견하면 메모해두었다 응용하기도 하고 즉흥적으로 방송을 하기도 한다.

3. take off

사무장이 이륙을 알리는 방송을 실시한다.

손님 여러분, 우리 비행기는 [선택] 이제 이륙하겠습니다.

[선택] 비정상 상황이 발생한 경우

❶ ****가 완료돼

❷ 관제탑의 허가를 받아

❸ (기상) 상황이 좋아져

여러분의 안전을 위해 좌석 벨트를 매셨는지 다시 한 번 확인해주시기 바랍니다.

Ladies and gentlemen, [선택]

[선택] 비정상 상황이 발생한 경우

❶ due to ****.

❷ we have received clearance from the control tower, and

❸ (the weather/situation) has improved, and

We are now ready for take off.

Please make sure that your seatbelt is securely fastened.

한국어 실전 연습–장음과 모음

- [이:륙], [좌:석]의 장음에 주의한다.
- '완료돼'가 '완료데'로, '상황'이 '상항'으로, '확인'이 '학인'으로, '관제탑'이 '간제탑'으로 들리지 않도록 주의해서 발음한다.

손님 여러분, 우리 비행기는 [선택] 이제 이:륙하겠습니다.

[선택] 비정상 상황이 발생한 경우
❶ ****가 완료돼
❷ 관제탑의 허가를 받아
❸ (기상) 상황이 좋아져

여러분의 안전을 위해 좌:석 벨트를 매셨는지 다시 한 번 확인해주시기 바랍니다.

한국어 실전 연습–자음의 음가와 받침

- '비행기'가 '비앵기'로, '위해'가 '위애'로, '확인해'가 '확인애'로 들리지 않도록 [ㅎ] 음가에 주의해서 발음한다.

손님 여러분, 우리 비행기는 [선택] 이제 이륙하겠습니다.

[선택] 비정상 상황이 발생한 경우
❶ ****가 완료돼
❷ 관제탑의 허가를 받아
❸ (기상) 상황이 좋아져

여러분의 안전을 위해 좌석 벨트를 매셨는지 다시 한 번 확인해주시기 바랍니다.

영어 실전 연습

- 'improved', 'fastened'의 [-ed] 음가에 주의해서 발음한다.

Ladies and gentlemen, [선택]

[선택] 비정상 상황이 발생한 경우
❶ due to ****.

❷ we have received clearance from the control tower,/ and
❸ (the weather/situation) has improved,/ and

We are now ready for take off.
Please make sure that your seatbelt is securely fastened.

[주의할 발음]

due **[duː]**	receive **[rɪˈsiːv]**	ready **[ˈredi]**	clearance **[klíərəns]**

4. 비행 중

1) seatbelt sign off

- 항공기가 이륙한 후 정상 고도에 다다르면 좌석 벨트 표시등이 꺼지며, 이 시점에 좌석 벨트 표시등이 꺼졌으나 비행 중 항상 좌석 벨트를 착용할 것을 요청하는 방송을 한다. 이때 장황한 느낌이 들지 않도록 다소 신속하게 실시한다.

▲ seatbelt sign on 상태 → seatbelt sign off 상태

손님 여러분, 방금 좌석 벨트 표시등이 꺼졌습니다.
그러나 비행기가 갑자기 흔들리는 경우에 대비해 자리에서는 항상 좌석 벨트를 매시기 바랍니다.
또한 전자 담배를 포함한 기내에서의 흡연은 항공보안법에 따라 엄격히 금지돼 있음을 알려드립니다.
감사합니다.

Ladies and gentlemen, the captain has turned off the seatbelt sign.
But we recommend that you keep your seatbelt fastened at all times.
You are also reminded that smoking and the use of electronic cigarettes are against the law.
Thank you.

한국어 실전 연습-장음과 모음

- [좌:석], [매:시기], [전:자 담:배], [항:공보:안], [금:지]의 장음에 주의한다.

손님 여러분, 방금 좌:석 벨트 표시등이 꺼졌습니다.
그러나 비행기가 갑자기 흔들리는 경우에 대비해 자리에서는 항상 좌:석 벨트를 매:시기 바랍니다.
또한 전:자 담:배를 포함한 기내에서의 흡연은 항:공보:안법에 따라 엄격히 금:지돼 있음을 알려드립니다.
감사합니다.

한국어 실전 연습-자음의 음가와 받침

- '비행기', '항상', '흡연', '항공보안법'의 받침을 주의해서 발음한다.

손님 여러분, 방금 좌석 벨트 표시등이 꺼졌습니다.
그러나 비행기가 갑자기 흔들리는 경우에 대비해 자리에서는 항상 좌석 벨트를 매시기 바랍니다.
또한 전자 담배를 포함한 기내에서의 흡연은 항공보안법에 따라 엄격히 금지돼 있음을 알려드립니다.
감사합니다.

영어 실전 연습

Ladies and gentlemen, the captain has turned off the seatbelt sign.
But we recommend that you keep your seatbelt fastened at all times.
You are also reminded that smoking and the use of electronic cigarettes/ are against the law.
Thank you.

[주의할 발음]

<table>
<tr><td>law
[lɔ:]</td><td>seat
[si:t]</td></tr>
<tr><td colspan="2">the use of electronic cigarettes
[ðə][ju:s]
use의 명사는 [ju:s], 동사는 [ju:z]로 u는 발음상 모음과 구별되는 [j]로 발음하고, the는 [ðə] 로 발음한다.</td></tr>
<tr><td colspan="2">[-ed], 복수형 [s] 음가의 발음에 주의한다.
turned, fastened, reminded
cigarettes</td></tr>
</table>

2) turbulence

- 안전과 관련된 방송이므로 낮은 톤으로 강하게 말한다.
- 좌석 벨트 표시등이 켜지고 high 차임이 1회 혹은 2회 울린다. 2회 울리는 것은 severe turbulence가 예상되는 경우이다.
- turbulence는 강도에 따라 light, moderate, severe turbulence로 구분한다.

손님 여러분, 좌석 벨트를 매주시기 바랍니다.

Ladies and gentlemen, please fasten your seatbelt.

한국어 및 영어 실전 연습

손님 여러분, 좌:석 벨트를 매:주시기 바랍니다.

Ladies and gentlemen, please fasten your seatbelt.

[주의할 발음]

turbulence **[tə́:rbjuləns]**	seatbelt가 seatbell로 들리지 않도록 [t] 발음을 주의한다.

turbulence로 인한 항공기 사고

미국 필라델피아로 향하던 항공기가 갑자기 극심한 turbulence를 만나 10명이 병원으로 후송되는 사고가 발생했다. 지난 토요일(5일), 그리스 아테네를 출발한 아메리칸항공 여객기(759편)는 거의 10시간을 비행하여 목적지인 필라델피아를 목전에 두고 있었다. 승무원들은 착륙하기 전 마지막 음료수를 서비스하고 있었고 항공기 창 밖으로 미국 동부 해안이 보이기 시작했다.

비행 단계에 따라 착륙을 앞두고 있었으므로 안전벨트 사인은 이미 켜져 있었지만 다시 한 번 안전벨트를 착용하라는 안내가 들려왔다. 바로 그즈음 몇 초간 흔들림이 시작되어 그 흔들림이 더욱 심해졌다. 그리고 사방에서 비명이 들렸다. 승객들 눈앞으로 음료수와 사람들이 날아다녔다.

다행히 안전벨트 착용 사인과 안내 덕분에 대부분의 승객이 안전벨트를 착용하고 있었기에 부상당한 승객은 많지 않았다. 병원으로 후송된 10명 가운데 승객은 3명이었고 나머지 7명은 승무원이었다. 승무원은 마지막 음료 서비스와 정리 등을 위해 미처 안전벨트를 착용하지 못했기 때문이다.

만약 착륙 즈음이 아닌 순항 중에 이런 turbulence를 만났다면 훨씬 더 많은 부상자가 발생했을 것이라는 게 일반적인 의견이다. 순항 중에는 안전벨트를 풀거나 화장실에 가는 등 자유롭게 움직이는 승객이 더 많기 때문이다. 안전벨트의 중요성을 다시 한 번 알려주는 turbulence 사고였다고 할 수 있다. 착륙 등 지상에 근접한 상태에서 발생하는 turbulence(마이크로버스트)를 제외하고 순항 중에 발생하는 turbulence는 항공기 추락 등의 사고로 이어지는 경우가 거의 없다. 하지만 이때 승객이 큰 부상을 입는 경우가 많기 때문에 착석 상태에서는 안전벨트를 착용하는 것이 좋다.

출처: 항공 여행 정보(https://airtravelinfo.kr/xe/air_news/1222886)

마이크로버스트(microburst)

마이크로버스트는 적란운의 오른쪽에서 시작된 바람이 지표에 부딪히면서 발생하는 이상 기류를 말한다. 1982년 뉴올리언스국제공항에서 팬아메리칸월드항공의 B727이 이륙 중 마이크로버스트 때문에 고도가 떨어져서 인근 마을에 추락했다. 이 대형 참사는 미국 항공 사고 사망자 수 7위로 기록되었다.

3) in-flight sales

- 기내 판매를 시작하기 전에 이를 알리는 방송을 한다.
- 필요에 따라 zone을 구별하여 방송하는 경우도 있다. 예를 들어 상위 클래스는 개별 안내를 하고 일반석만 방송을 하기도 한다.

손님 여러분, 잠시 후 기내 앞쪽부터 면세품 판매를 시작하겠습니다.
구매를 원하시는 분은 판매 카트가 지나갈 때에 말씀하시기 바랍니다.
좌석에 비치된 기내 면세품 주문서를 이용하시면 귀국 시 편리하게 면세품을 구매하실 수 있습니다.
또한 환승 시 액체류 물품은 보안상 기내 반입에 제한을 받을 수 있으니 구매를 원하시는 분은 승무원의 안내를 받으시기 바랍니다.
자세한 사항은 기내지를 참고하시기 바랍니다.

〈A380 기종의 경우〉
아울러 탑승하신 A380 항공기에서는 '보테가 리파소' 와인과 '앱솔루트 엘릭스 보드카', '조야 매실주'를 판매하고 있으며, 이 비행기의 1층 뒤쪽에 마련된 면세품 전시 공간에서는 다양한 상품들을 언제든지 직접 보고 안내받으실 수 있습니다.
하늘 위에서 즐겁고 편리한 쇼핑 하시기 바랍니다.

Ladies and gentlemen, we have started our duty free sales.
You may purchase items now, or pre-order items for your return flight.
Transit passengers should check with our cabin crew for any restrictions, before purchasing liquids or gels.
For more information, refer to the in-flight catalogue in your seat pocket.

〈A380 기종의 경우〉

On this aircraft, there is a duty free showcase located at the end of the main deck.

We hope you enjoy this unique sky shopping experience.

생각해보기 5

| **Question** 한국인 승객이 파리행 비행기에서 한국 귀국 시 면세 허용량을 물어본다면 어떻게 답해야 하는지 생각해보자.

| **Answer** 부록 참조

한국어 실전 연습–장음과 모음

- [잠:시], [면:세품], [주:문서], [좌:석], [귀:국], [환:승], [보:안], [항:공기], [전:시], [안:내]의 장음에 주의한다.

손님 여러분, 잠:시 후 기내 앞쪽부터 면:세품 판매를 시작하겠습니다.
구매를 원하시는 분은 판매 카트가 지나갈 때에 말씀하시기 바랍니다.
좌:석에 비치된 기내 면:세품 주:문서를 이용하시면 귀:국 시 편리하게 면:세품을 구매하실 수 있습니다.
또한 환:승 시 액체류 물품은 보:안상 기내 반입에 제한을 받을 수 있으니 구매를 원하시는 분은 승무원의 안내를 받으시기 바랍니다.
자세한 사항은 기내지를 참고하시기 바랍니다.

〈A380 기종의 경우〉

아울러 탑승하신 A380 항:공기에서는 '보테가 리파소' 와인과 '앱솔루트 엘릭스 보드카', '조야 매실주'를 판매하고 있으며, 이 비행기의 1층 뒤쪽에 마련된 면:세품 전:시 공간에서는 다양한 상품들을 언제든지 직접 보고 안:내받으실 수 있습니다.
하늘 위에서 즐겁고 편리한 쇼핑 하시기 바랍니다.

한국어 실전 연습-자음의 음가와 받침

- '제한'이 '제안'으로, '자세한'이 '자세안'으로, '사항'이 '사앙'으로 들리지 않도록 주의해서 발음한다.

손님 여러분, 잠시 후 기내 앞쪽부터 면세품 판매를 시작하겠습니다.
구매를 원하시는 분은 판매 카트가 지나갈 때에 말씀하시기 바랍니다.
좌석에 비치된 기내 면세품 주문서를 이용하시면 귀국 시 편리하게 면세품을 구매하실 수 있습니다.
또한 환승 시 액체류 물품은 보안상 기내 반입에 제한을 받을 수 있으니 구매를 원하시는 분은 승무원의 안내를 받으시기 바랍니다.
자세한 사항은 기내지를 참고하시기 바랍니다.

〈A380 기종의 경우〉
아울러 탑승하신 A380 항공기에서는 '보테가 리파소' 와인과 '앱솔루트 엘릭스 보드카', '조야 매실주'를 판매하고 있으며, 이 비행기의 1층 뒤쪽에 마련된 면세품 전시 공간에서는 다양한 상품들을 언제든지 직접 보고 안내받으실 수 있습니다.
하늘 위에서 즐겁고 편리한 쇼핑 하시기 바랍니다.

영어 실전 연습

Ladies and gentlemen, we have started our duty free sales.
You may purchase items now, or pre-order items for your return flight.
Transit passengers should check with our cabin crew for any restrictions,/ before purchasing liquids or gels.
For more information, refer to the in-flight catalogue in your seat pocket.

〈A380 기종의 경우〉
On this aircraft, there is a duty free showcase located at the end of the main deck.
We hope you enjoy this unique sky shopping experience.

[주의할 발음]

purchase **[pɜːrtʃəs]**	purchasing **[pə́ːrʧəsiŋ]**	liquid **[lɪkwɪd]**
catalogue **[kǽtəlɔ́ːg, -làg]**	hope **[hoʊp]**	
at the end of the main deck **[ði]**		
[-ed], 복수형 [s] 음가의 발음에 주의한다. started, located sales, items, passengers, restrictions, liquids, gels		

A380 1층의 면세품 전시 공간

A380의 2층 입구와 celestial bar 전경

4) station regulations(살충제 살포)

- 도착지 공항의 검역 규정에 따라서 항공기 내에 살충제를 살포하기도 한다.
- 기장의 도착 방송에 이어서 또는 착륙 40분 전에 관련 방송을 실시한다.

안내 말씀 드리겠습니다.
이곳에서는 모든 비행기 내에 방역 소독을 하도록 법으로 정하고 있습니다.
지금부터 승무원이 소독을 하겠습니다.
세계보건기구에서 승인한 안전한 약품이니 안심하시기 바랍니다.
감사합니다.

Ladies and gentlemen, to meet local quarantine regulations, the cabin will be sprayed with a non-toxic mist approved by the World Health Organization to protect against any harmful insects.
Please remain seated while the cabin is sprayed.
Thank you.

한국어 실전 연습-장음과 모음

- [안:내], [말:씀], [세:계보:건]의 장음에 주의한다.
- '승무원'이 '승무언'으로 들리지 않도록 주의해서 발음한다.

안:내 말:씀 드리겠습니다.
이곳에서는 모든 비행기 내에 방역 소독을 하도록 법으로 정하고 있습니다.
지금부터 승무원이 소독을 하겠습니다.
세:계보:건기구에서 승인한 안전한 약품이니 안심하시기 바랍니다.
감사합니다.

한국어 실전 연습–자음의 음가와 받침

• '감사'가 '간사'로 들리지 않도록 주의해서 발음한다.

안내 말씀 드리겠습니다.
이곳에서는 모든 비행기 내에 방역 소독을 하도록 법으로 정하고 있습니다.
지금부터 승무원이 소독을 하겠습니다.
세계보건기구에서 승인한 안전한 약품이니 안심하시기 바랍니다.
감사합니다.

국내 기내 검역

국가별 검역 당국의 요청에 의해 해당 국가로 출발하기 전과 도착 전에 추가 소독을 실시하기도 한다. 현재 동남아 5개 노선 및 대양주 노선에서 기내 안내 방송과 함께 객실 승무원이 추가 방역 스프레이를 살포하고 있다. 기내에서 사용하는 방역 스프레이는 세계보건기구(WHO)에서 승인한 안전 약품으로 인체에 무해하다.

모든 항공기는 국제항공법에 따라 항공기 제조사가 제작 당시부터 최신 공기 순환 시스템을 장착하여 미세한 이물질까지도 완벽히 여과, 멸균하고 있다. 외부 공기는 기내로 공급되기 전 엔진 압축기를 통과하면서 고온·고압으로 압축되고, 이 과정에서 엔진을 통과한 공기는 200℃ 정도로 가열되어 멸균 상태가 된다. 이렇게 가열 압축된 공기는 대기 상층부에서 자연적으로 발생하는 오존을 산소로 변환하여 객실에 공급하는 오존 정화 장치를 거친 후 에어컨 팩으로 옮겨져 냉각되고, 이후 고온의 공기와 혼합되어 적절한 온도로 조절된다.

대한항공의 경우 국내법 및 국제항공운송협회(IATA)의 규정을 준수하여 살충과 살균을 포함하여 월 1회 이상의 항공기 정기 소독을 실시하고, 각 부속품을 분리해서 세척하거나 집중 청소하는 작업을 15일 및 2개월 주기로 하고 있다. 최근에는 기존의 약제 분무식 소독 외에도 천장과 틈새 부분의 방역 강화를 위해 인체 안전성이 검증된 초음파 진동을 이용한 기화식 방역 기술을 도입했다.

출처: 김남석(문화일보, 2016년 9월 15일, "세균·먼지 완벽 정화... 청정숲 같은 하늘길")

영어 실전 연습

- 'remain'이 '리메인'으로 들리지 않도록 [r] 발음에 주의한다.
- [-ed], 복수형 [s] 음가의 발음에 주의한다.

Ladies and gentlemen, to meet local quarantine regulations,/ the cabin will be sprayed with a non-toxic mist/ approved by the World Health Organization/ to protect against any harmful insects.
Please remain seated while the cabin is sprayed.
Thank you.

[주의할 발음]

quarantine **[ˈkwɔːr-;ˈkwɑːr-]**	toxic **[ˈtɑːk-]**	world **[wɜːrld]**
[-ed], 복수형 [s] 음가의 발음에 주의한다. sprayed, approved, seated regulations, insects		

5) entry documents(괌)

- 특이 규정이 있는 도착지 공항에 따라 입국 서류 배포 시 실시한다.

손님 여러분, 지금부터 괌 입국에 필요한 서류를 드리겠습니다.
도움이 필요하신 분은 승무원에게 문의하시거나 기내지에 수록된 입국 신고서 작성 방법을 참고해주시기 바랍니다.
감사합니다.

Ladies and gentlemen, our cabin crew will be handing out entry documents.
If you require any assistance, please ask our cabin crew or refer to the in-flight magazine.

한국어 실전 연습–장음과 모음

- '수록된'이 '수록덴'으로 들리지 않도록 주의해서 발음한다.

손님 여러분, 지금부터 괌 입국에 필요한 서류를 드리겠습니다.
도움이 필요하신 분은 승무원에게 문:의하시거나 기내지에 수록된 입국 신고서 작성 방법을 참고해주시기 바랍니다.
감사합니다.

한국어 실전 연습–자음의 음가와 받침

손님 여러분, 지금부터 괌 입국에 필요한 서류를 드리겠습니다.
도움이 필요하신 분은 승무원에게 문의하시거나 기내지에 수록된 입국 신고서 작성 방법을 참고해주시기 바랍니다.
감사합니다.

영어 실전 연습

Ladies and gentlemen, our cabin crew will be handing out entry documents.
If you require any assistance,/ please ask our cabin crew or refer to the in-flight magazine.

[주의할 발음]

entry [ˈentri]	magazine [ˈmæɡəziːn]

괌 입국 카드

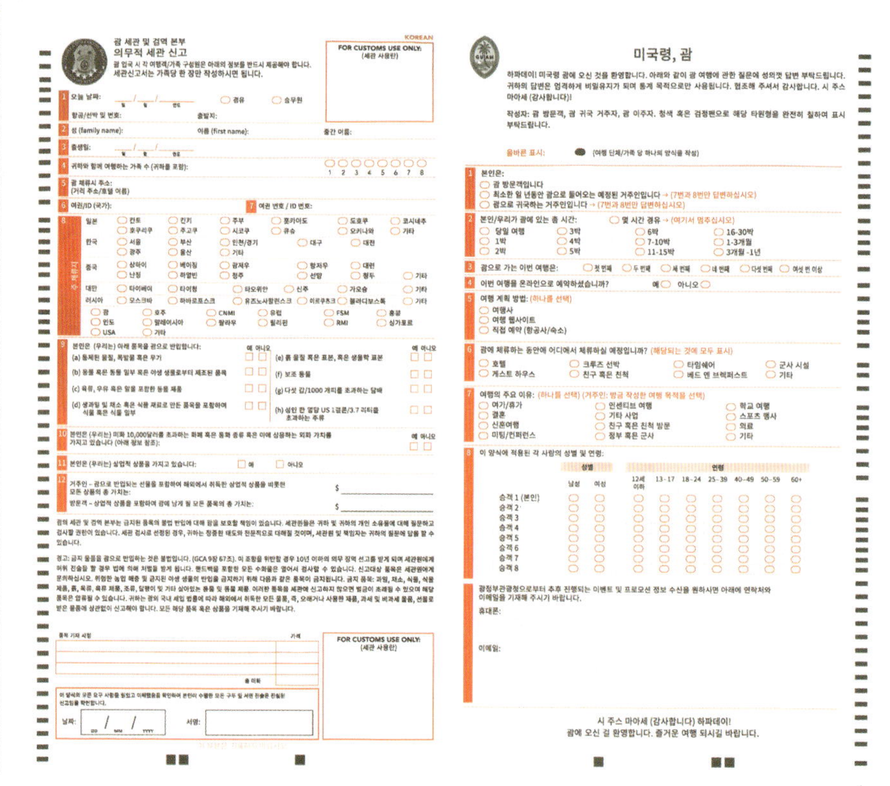
괌 세관 및 검역 본부
의무적 세관 신고
FOR CUSTOMS USE ONLY
KOREAN
미국령, 괌
FOR CUSTOMS USE ONLY
시 주스 마아세 (감사합니다) 하파데이!
괌에 오신 걸 환영합니다. 즐거운 여행 되시길 바랍니다.

일본 입국 카드

外国人入国記録 DISEMBARKATION CARD FOR FOREIGNER 외국인 입국기록

英語又は日本語で記載して下さい。 Enter information in either English or Japanese. 영어 또는 일본어로 기재해 주십시오.

【ARRIVAL】

氏名 Name 이름	Family Name 영문 성		Given Names 영문 이름	
生年月日 Date of Birth 생년월일	Day 日 일 Month 月 월 Year 年 년	現住所 Home Address 현주소	国名 Country name 나라명	都市名 City name 도시명
渡航目的 Purpose of visit 도항 목적	☐ 観光 Tourism 관광 ☐ 商用 Business 상용 ☐ 親族訪問 Visiting relatives 친척 방문 ☐ その他 Others 기타 (　)		航空機便名・船名 Last flight No./Vessel 도착 항공기 편명・선명	
			日本滞在予定期間 Intended length of stay in Japan 일본 체재 예정 기간	
日本の連絡先 Intended address in Japan 일본의 연락처		TEL 전화번호		

1. 日本での退去強制歴・上陸拒否歴の有無 Any history of receiving a deportation order or refusal of entry into Japan 일본에서의 강제퇴거 이력・상륙거부 이력 유무	☐ はい Yes 예	☐ いいえ No 아니오
2. 有罪判決の有無（日本での判決に限らない） Any history of being convicted of a crime (not only in Japan) 유죄판결의 유무 (일본 내외의 모든 판결)	☐ はい Yes 예	☐ いいえ No 아니오
3. 規制薬物・銃砲・刀剣類・火薬類の所持 Possession of controlled substances, guns, bladed weapons, or gunpowder 규제약물・총포・도검류・화약류의 소지	☐ はい Yes 예	☐ いいえ No 아니오

以上の記載内容は事実と相違ありません。 I hereby declare that the statement given above is true and accurate. 이상의 기재 내용은 사실과 틀림 없습니다.

署名 Signature 서명

영국 입국 카드

Border Force

LANDING CARD

Immigration Act 1971

Please complete clearly in English and BLOCK CAPITALS
영문 대문자로 정확히 작성해 주세요.

Family name 성

First name(s) 이름

Sex 성별 ☐ M 남 ☐ F 여 | Date of birth 생년월일 D D M M Y Y Y Y

Town and country of birth 출생국가, 도시

Nationality 국적 | Occupation 직업, 직장명

Contact address in the UK (in full) 영국 내 체류주소

Passport no. 여권번호 | Place of issue 여권발행국가

Length of stay in the UK 영국 내 체류기간

Port of last departure 최종 출발지

Arrival flight/train number/ship name 비행/기차/배 편명

Signature 서명

IF YOU BREAK UK LAWS YOU COULD FACE IMPRISONMENT AND REMOVAL
만약 영국법을 어길시 구속되거나 추방 될 수 있습니다.

CAT	-16	CODE	NAT	POL

For official use 공용란

5. 일반 approaching

- 국제선의 경우 도착 약 20분 전에 approaching signal이 나오면 기내 방송을 실시한다.
- 도착지 공항에 접근하기 위해 항공기의 고도를 낮추는 단계이다. 모든 객실 서비스가 종료되고 회수와 정리 작업, 안전 점검을 위주로 업무가 진행된다.

안내 말씀 드리겠습니다.
곧 **공항에 도착하겠습니다.
좌석 등받이와 (발 받침대,) 테이블을 제자리로 해주시고, 꺼내놓은 짐 또는 노트북 등 큰 전자 기기는 앞 좌석 아래나 선반 속에 다시 보관해주시기 바랍니다.

[선택] **단거리의 경우**
또한 착륙 준비를 위해 기내 판매를 마치겠습니다.
구매하지 못한 분께서는 양해해주시기 바랍니다.

감사합니다.

Ladies and gentlemen, we are approaching ** airport.
Please return your seat and tray table to the upright position, and stow your carry-on items, including laptops and other larger electronic devices, in the overhead bins or under the seat in front of you.

[선택] **단거리의 경우**
Also, we will now be ending our duty free sales to prepare for landing.

Thank you.

한국어 실전 연습-장음과 모음

- [안:내], [말:씀], [도:착], [좌:석], [전:자], [속:], [보:관], [준:비]의 장음에 주의한다.
- '보관'이 '보간'으로 들리지 않도록 주의해서 발음한다.

안:내 말:씀 드리겠습니다.
곧 **공항에 도:착하겠습니다.
좌:석 등받이와 (발 받침대,) 테이블을 제자리로 해주시고, 꺼내놓은 짐 또는 노트북 등 큰 전:자 기기는 앞 좌:석 아래나 선반 속:에 다시 보:관해주시기 바랍니다.

[선택] 단거리의 경우
또한 착륙 준:비를 위해 기내 판매를 마치겠습니다.
구매하지 못한 분께서는 양해해주시기 바랍니다.

감사합니다.

한국어 실전 연습-자음의 음가와 받침

- '양해해'가 '양해애'로 들리지 않도록 주의해서 발음한다.

안내 말씀 드리겠습니다.
곧 **공항에 도착하겠습니다.
좌석 등받이와 (발 받침대,) 테이블을 제자리로 해주시고, 꺼내놓은 짐 또는 노트북 등 큰 전자 기기는 앞 좌석 아래나 선반 속에 다시 보관해주시기 바랍니다.

[선택] 단거리의 경우
또한 착륙 준비를 위해 기내 판매를 마치겠습니다.
구매하지 못한 분께서는 양해해주시기 바랍니다.

감사합니다.

영어 실전 연습

Ladies and gentlemen, we are approaching ** airport.
Please return your seat and tray table to the upright position,/ and stow your carry-on items, including laptops and other larger electronic devices,/ in the overhead bins or under the seat in front of you.

[선택] 단거리의 경우
Also, we will now be ending our duty free sales to prepare for landing.

Thank you.

[주의할 발음]

approaching **[əproutʃ]**	upright **[ʌpraɪt]**	seat **[si:t]**	position **[pəzɪʃn]**
in the overhead bins to the upright position **[ði]** **[ði]**			
복수형 [s] 음가의 발음에 주의한다. items, laptops, devices, bins, sales			

1) approaching(한국 도착의 경우)

- approaching signal 후 방송 담당자가 해당 기내 방송을 실시한다.

안내 말씀 드리겠습니다.
곧 **공항에 도착하겠습니다.
좌석 등받이와 (발 받침대,) 테이블을 제자리로 해주시고, 꺼내놓은 짐 또는 노트북 등 큰 전자 기기는 앞 좌석 아래나 선반 속에 다시 보관해주시기 바랍니다.

[선택] **단거리의 경우**
또한 착륙 준비를 위해 기내 판매를 마치겠습니다.
구매하지 못하신 분께서는 양해해주시기 바랍니다.

(또한) 해외 감염병의 국내 유입을 방지하기 위해 해외에서 가축 농장을 방문하셨거나 해외에서 생산된 농·수·축산물을 가져오신 분은 검역 기관에 신고해주시기 바랍니다.
그리고 검역 감염병 오염 지역에 체류하거나 경유한 승객께서는 한국에 입국 시 반드시 건강 상태 질문서를 작성해 검역관에게 제출하셔야 합니다.
검역 감염병 오염 지역은 좌석에 비치된 안내문을 참고하시기 바랍니다.
아울러 발열, 기침 등의 이상 증상이 있으신 분은 반드시 승무원에게 말씀해주시고, 도착 후 검역관에게 신고해주십시오.
한국에 입국하신 이후 증상이 발견되는 경우에는 1339로 신고하시기 바랍니다.
감사합니다.

Ladies and gentlemen, we are approaching ** airport.
Please return your seat and tray table to the upright position, and stow your carry-on items, including laptops and other larger electronic devices, in the overhead bins or under the seat in front of you.

[선택] **단거리의 경우**

Also, we will now be ending our duty free sales to prepare for landing.

To prevent the spread of infectious diseases, if you work in the livestock industry, you must visit the quarantine center to undergo disinfection procedures.
If you have visited a livestock farm or if you are bringing agricultural, animal or marine products into Korea, please inform the quarantine center.
If you stayed in or passed through 'Quarantinable Disease Risk Areas', fill out the health questionnaire and submit it to the quarantine officer upon your arrival.
Information on affected areas can be found in your seat pocket.
If you have a fever, cough or other symptoms, you must inform the cabin crew and visit the quarantine center on arrival.
If you develop any of these symptoms after arriving in Korea, please call 1339.
Thank you.

한국어 실전 연습-장음과 모음

- [안:내], [말:씀], [도:착], [좌:석], [속:], [전:자], [보:관], [감:염병], [검:역], [오:염], [건:강], [안:내문]의 장음에 주의한다.
- '보관'이 '보간'으로, '해외'가 '해애'로, '승무원'이 '승무언'으로 들리지 않도록 주의해서 발음한다.

안:내 말:씀 드리겠습니다.
곧 **공항에 도:착하겠습니다.
좌:석 등받이와 (발 받침대,) 테이블을 제자리로 해주시고, 꺼내놓은 짐 또는 노트북 등 큰 전:자 기기는 앞 좌:석 아래나 선반 속:에 다시 보:관해주시기 바랍니다.

[선택] 단거리의 경우

또한 착륙 준비를 위해 기내 판매를 마치겠습니다.
구매하지 못하신 분께서는 양해해주시기 바랍니다.

(또한) 해외 감:염병의 국내 유입을 방지하기 위해 해외에서 가축 농장을 방문하셨거나 해외에서 생산된 농·수·축산물을 가져오신 분은 검:역 기관에 신고해주시기 바랍니다.
그리고 검:역 감:염병 오:염 지역에 체류하거나 경유한 승객께서는 한국에 입국 시 반드시 건:강 상태 질문서를 작성해 검:역관에게 제출하셔야 합니다.
검:역 감:염병 오:염 지역은 좌석에 비치된 안:내문을 참고하시기 바랍니다.
아울러 발열, 기침 등의 이상 증상이 있으신 분은 반드시 승무원에게 말씀해주시고, 도:착 후 검:역관에게 신고해주십시오.
한국에 입국하신 이후 증상이 발견되는 경우에는 1339로 신고하시기 바랍니다.
감사합니다.

건강상태 질문서

(앞면)

성명	성별 [ ]남 [ ]여
국적	생년월일
여권번호	도착 연월일
선박·항공기·열차·자동차명	좌석번호
한국 내 주소	
휴대전화	

과거 21일 동안의 방문 국가명을 기입해 주십시오.

1)	2)	3)

과거 21일 동안에 아래 증상이 있었거나 현재 있는 경우 해당란에 「√」 표시를 해 주십시오.

[ ]설사	[ ]구토	[ ]복통	[ ]발열	[ ]오한
[ ]기침	[ ]콧물 또는 코막힘	[ ]인후통	[ ]근육통	[ ]두통
[ ]호흡곤란	[ ]발진	[ ]모기물림	[ ]뉴축혈	[ ]기타 ( )

건강상태 질문서 작성을 기피하거나 거짓으로 작성하여 제출하는 경우 「검역법」 제12조 및 제39조에 따라 1년 이하의 징역 또는 1천만원 이하의 벌금에 처해질 수 있습니다.

작성일 년 월 일

작성인 (서명 또는 인)

국립검역소장 귀하

▲ 건강 상태 질문서

한국어 실전 연습-자음의 음가와 받침

안내 말씀 드리겠습니다.
곧 **공항에 도착하겠습니다.
좌석 등받이와 (발 받침대,) 테이블을 제자리로 해주시고, 꺼내놓은 짐 또는 노트북 등 큰 전자 기기는 앞 좌석 아래나 선반 속에 다시 보관해주시기 바랍니다.

[선택] 단거리의 경우
또한 착륙 준비를 위해 기내 판매를 마치겠습니다.
구매하지 못하신 분께서는 양해해주시기 바랍니다.

(또한) 해외 감염병의 국내 유입을 방지하기 위해 해외에서 가축 농장을 방문하셨거나 해외에서 생산된 농·수·축산물을 가져오신 분은 검역 기관에 신고해주시기 바랍니다.
그리고 검역 감염병 오염 지역에 체류하거나 경유한 승객께서는 한국에 입국 시 반드시 건강 상태 질문서를 작성해 검역관에게 제출하셔야 합니다.
검역 감염병 오염 지역은 좌석에 비치된 안내문을 참고하시기 바랍니다.
아울러 발열, 기침 등의 이상 증상이 있으신 분은 반드시 승무원에게 말씀해주시고, 도착 후 검역관에게 신고해주십시오.
한국에 입국하신 이후 증상이 발견되는 경우에는 1339로 신고하시기 바랍니다.
감사합니다.

영어 실전 연습

Ladies and gentlemen, we are approaching ** airport.
Please return your seat and tray table to the upright position,/ and stow your carry-on items, including laptops and other larger electronic devices,/ in the overhead bins or under the seat in front of you.

[선택] 단거리의 경우
Also, we will now be ending our duty free sales to prepare for landing.

To prevent the spread of infectious diseases,/ if you work in the livestock industry, you must visit the quarantine center to undergo disinfection procedures.

If you have visited a livestock farm/ or if you are bringing agricultural, animal or marine products into Korea,/ please inform the quarantine center.
If you stayed in or passed through 'Quarantinable Disease Risk Areas',/ fill out the health questionnaire and submit it to the quarantine officer upon your arrival.
Information on affected areas can be found in your seat pocket.
If you have a fever, cough or other symptoms,/ you must inform the cabin crew and visit the quarantine center on arrival.
If you develop any of these symptoms after arriving in Korea,/ please call 1339.
Thank you.

[주의할 발음]

approaching **[əˈproutʃ]**	infectious diseases **[ɪnˈfekʃəs] [dɪˈzi:z]**	quarantine **[ˈkwɔ:r-;ˈkwɑ:r-]**
undergo **[ˌʌndərˈgoʊ]**	agricultural **[ægrikʌ́ltʃərəl]**	marine **[məˈri:n]**
through **[θru:]**	quarantinable disease **[ˈkwɔ:r-;ˈkwɑ:r-] [dɪˈzi:z]**	questionnaire **[-ˈner]**
fever **[ˈfi:və(r)]**	cough **[kɔ:f]**	symptom **[ˈsɪmptəm]**
the upright position, in the overhead bins **[ði] [ði]**		
[-ed], 복수형 [s] 음가의 발음에 주의한다. visited, stayed, passed items, laptops, devices, bins, sales, diseases, products, areas, symptoms		

2) approaching(싱가포르 도착의 경우)

안내 말씀 드리겠습니다.
곧 **공항에 도착하겠습니다.
좌석 등받이와 (발 받침대,) 테이블을 제자리로 해주시고, 꺼내놓은 짐 또는 노트북 등 큰 전자 기기는 앞 좌석 아래나 선반 속에 다시 보관해주시기 바랍니다.
껌과 담배 관련 제품을 갖고 계신 분은 세관에 신고하시기 바랍니다.
감사합니다.

Ladies and gentlemen, we are approaching ** airport.
Please return your seat and tray table to the upright position, and stow your carry-on items, including laptops and other larger electronic devices, in the overhead bins or under the seat in front of you.
Please note that you are not permitted to bring chewing gum into Singapore.
Thank you.

싱가포르의 특이한 법규

싱가포르에는 특이한 법규가 상당히 많은 것으로 잘 알려져 있으며 대부분은 도시를 청결하게 하기 위한 목적이 있다. 싱가포르에서는 껌을 판매하거나 씹는 행위가 불법이다.

세계 각국의 특이한 법규

싱가포르에서 담배를 피우거나 껌을 씹다 적발되면(be caught smoking or chewing gum) 벌금을 내야 한다는(pay a fine) 건 이미 잘 알려진 사실. 휴대폰을 멋대로 아무 와이파이에나 접속하는(arbitrarily access a Wi-Fi without authorization) 것도 해킹으로 간주되어 처벌을 받는다(be brought to book).

태국에서는 전자 담배가 불법이다. 소지하기만 해도 법에 저촉된다(be against the law). 피우지 않았더라도 10만 바트(약 350만 원)의 벌금이 부과된다.

아랍에미리트연합에서는 욕을 하거나 저속한 몸짓을 할(swear or make rude gestures) 경우, 음란 행위로 간주하여(be considered obscene acts) 투옥되거나 추방된다(be jailed or deported).

터키는 국기를 모독하거나(insult the national flag), 화폐를 훼손하거나 찢는(deface or tear up currency) 행위를 범죄로 규정한다. 최저 6개월, 최고 3년 징역형에 처한다.

크로아티아에서는 남자도 해수욕장이나 수영장이 아닌 곳에서 상반신을 드러낸 수영복 팬티 차림으로 돌아다니다가는(walk around wearing swimming shorts without a top) 즉석 벌금형을 받는다(face a fine on the spot).

스페인에서는 산불을 내면(cause a forest fire) 의도한 것이 아닐지라도(even if unintentional) 형사 범죄로 다루어진다(be treated as a criminal offense).

그리스에서는 엉덩이를 내보이는 짓을 포함한 상스러운 행위(indecent behavior including mooning)를 할 경우 현장에서 체포하고(be arrested on the spot) 벌금 또는 징역형에 처한다.

바베이도스 등 카리브해 국가 대다수는 군인 옷과 비슷한 위장복 착용을 일절 금한다(ban the wearing of camouflage clothing).

스리랑카에서 부처 그림이나 공예품을 함부로 대했다가는 낭패를 본다(end in tears). 부처 조각상 앞에 서서 사진을 찍으면(pose for photographs standing in front of a statue of Buddha) 거액의 벌금을 물거나 감방 신세를 지게 된다(land you with a hefty fine or in jail). 눈에 띄는 부처 문신이 있는(have visible tattoos of Buddha) 경우에는 입국이 거부되고 추방된다(be refused entry and face deportation).

미국 뉴욕시는 지하철에서 옆 칸으로 이동하는 것을 금지하고 있다(prohibit passengers from moving between neighboring cars). 벌금 75달러를 부과한다. 객차 내 승객의 안전과 상호 편의(mutual convenience)를 위한 규정이다.

출처: 윤희영(조선일보, 2018년 11월 15일, "알아둬야 할 세계 각국 특이한 법규")

Local laws and customs you need to know

The FCO is highlighting some of the world's lesser-known laws and customs.

The Foreign Office recommends Brits making trips abroad this Easter join the 16 million people a year who check its Travel Advice before they travel. All sorts of local laws and customs are covered, including the ten listed below:

1. **UAE:** Swearing and making rude gestures (including online) are considered obscene acts and offenders can be jailed or deported.
2. **Thailand:** You can't bring vaporisers, such as e-cigarettes, e-baraku or refills into Thailand. These items are likely to be confiscated and you could be fined or sent to prison for up to ten years if convicted.
3. **Greece:** Indecent behaviour, including mooning, isn't tolerated and could result in arrest and a fine or a prison sentence.
4. **Sri Lanka:** The mistreatment of Buddhist images and artefacts is a serious offence and tourists have been convicted for this. British nationals have been refused entry to Sri Lanka or faced deportation for having visible tattoos of Buddha. Don't pose for photographs standing in front of a statue of Buddha.
5. **Japan:** The use or possession of some medicines like Vicks Inhalers or painkillers containing Codeine is banned in Japan and can result in detention and deportation.
6. **Turkey:** It is an offence to insult the Turkish nation or the national flag, or to deface or tear up currency. If you are convicted of any of these offences, you could face a prison sentence of between six months and three years.
7. **Caribbean:** Many Caribbean countries, such as Barbados, St. Vincent, and St. Lucia ban the wearing of camouflage clothing, including by children.
8. **Spain:** Causing a forest fire is treated as a criminal offence in Spain even if unintentional.
9. **Australia:** Australia has strict quarantine rules to keep out pests and diseases that could affect plant, animal and human health. Breaches of quarantine regulations can result in large fines.
10. **Ukraine:** Smoking and drinking alcoholic drinks in public places (including transport, bus stops, underground crossings, sports and government establishments, playgrounds and parks) is officially banned.

출처: MailOnline(2018년 3월 15일), "No mooning in Greece, don't swear in the UAE and vaping in Thailand could land you in jail for TEN YEARS: Laws and customs in holiday hotspots you need to brush up on before jetting off' by Sadie Whitelocks"

한국어 실전 연습-장음과 모음

안:내 말:씀 드리겠습니다.
곧 **공항에 도:착하겠습니다.
좌:석 등받이와 (발 받침대,) 테이블을 제자리로 해주시고, 꺼내놓은 짐 또는 노트북 등 큰 전:자 기기는 앞 좌:석 아래나 선반 속:에 다시 보:관해주시기 바랍니다.
껌과 담:배 관련 제품을 갖고 계신 분은 세관에 신고하시기 바랍니다.
감사합니다.

한국어 실전 연습-자음의 음가와 받침

안내 말씀 드리겠습니다.
곧 **공항에 도착하겠습니다.
좌석 등받이와 (발 받침대,) 테이블을 제자리로 해주시고, 꺼내놓은 짐 또는 노트북 등 큰 전자 기기는 앞 좌석 아래나 선반 속에 다시 보관해주시기 바랍니다.
껌과 담배 관련 제품을 갖고 계신 분은 세관에 신고하시기 바랍니다.
감사합니다.

영어 실전 연습

Ladies and gentlemen, we are approaching ** airport.
Please return your seat and tray table to the upright position,/ and stow your carry-on items, including laptops and other larger electronic devices,/ in the overhead bins or under the seat in front of you.
Please note that you are not permitted to bring chewing gum into Singapore.
Thank you.

[주의할 발음]

approaching **[ə'proʊtʃ]**	return **[rɪ'tɜːrn]**	upright **['ʌpraɪt]**
stow **[stoʊ]**	devices **[dɪ'vaɪs]**	chewing **[tʃuː]**
the upright position, in the overhead bins **[ði]** **[ði]**		
복수형 [s] 음가의 발음에 주의한다. items, laptops, devices, bins		

3) approaching(호주 도착의 경우)

안내 말씀 드리겠습니다.

곧 **공항[1]에 도착하겠습니다.

좌석 등받이와 (발 받침대[2],) 테이블을 제자리로 해주시고, 꺼내놓은 짐 또는 노트북 등 전자 기기는 앞 좌석 아래나 선반 속에 다시 보관해주시기 바랍니다.

호주에서는 동물, 식물, 그리고 식품류를 포함한 모든 농·수·축산물의 반입을 엄격히 규제하고 있습니다.

이와 같은 물품을 갖고 계신 분은 반드시 신고서에 적어주십시오.

신고하지 않은 물품에 대해서는 벌금이 부과될 수 있으니 유의하시기 바랍니다.

그리고 발열, 오한 등 건강 상태가 좋지 않으신 분은 승무원에게 말씀해주십시오.

감사합니다.

Ladies and gentlemen, we are approaching ** airport.

Please return your seat and tray table to the upright position, and stow your carry-on items, including laptops and other larger electronic devices, in the overhead bins or under the seat in front of you.

Also, this is an important message from the Australian Government.

Australia has strict biosecurity laws that affect you.

You will receive an Incoming Passenger Card that asks questions about what you are bringing to Australia and the places you have visited.

You must answer these truthfully.

It is a legal document and a false statement may result in a penalty.

It will be checked by an official on your arrival.

1

공항 코드	도시	공항
SYD	Sydney	Kingsford Smith

2 방송 담당자는 항공기에 탑승한 후 발 받침대 설치 유무를 확인하고 이에 따라 적절히 방송한다.

모든 국가는 입국 승객의 수하물 점검을 실시하고 검역 절차를 수행한다. 특히 하와이, 괌, 시드니, 뉴질랜드 등과 같은 섬나라는 검역 절차가 엄격한 편이다.

You must mark 'yes' on your card if you have certain food, plant or animal products, or equipment or shoes used in rivers and lakes or with soil attached. Food supplied onboard must be left onboard.
After any international travel, there may be a small chance that you have been exposed to a communicable disease.
If you are feeling unwell, particularly with fever, chills or sweats, it is important for your own health and for the protection of others, that you bring this to the attention of a member of the crew.
Thank you.

한국어 실전 연습-장음과 모음

- [안:내], [말:씀], [도:착], [좌:석], [전:자], [속:], [보:관]의 장음에 주의한다.
- 농·수·축산물 각각에 짧은 pause를 두어 정확히 전달되게 한다.
- '승무원'이 '승무언'으로, '부과'가 '부가'로 들리지 않도록 주의해서 발음한다.

안:내 말:씀 드리겠습니다.
곧 **공항에 도:착하겠습니다.
좌:석 등받이와 (발 받침대,) 테이블을 제자리로 해주시고, 꺼내놓은 짐 또는 노트북 등 전:자 기기는 앞 좌:석 아래나 선반 속:에 다시 보:관해주시기 바랍니다.
호주에서는 동물, 식물, 그리고 식품류를 포함한 모든 농·수·축산물의 반입을 엄격히 규제하고 있습니다.
이와 같은 물품을 갖고 계신 분은 반드시 신고서에 적어주십시오.
신고하지 않은 물품에 대해서는 벌금이 부과될 수 있으니 유의하시기 바랍니다.
그리고 발열, 오한 등 건강 상태가 좋지 않으신 분은 승무원에게 말씀해주십시오.
감사합니다.

한국어 실전 연습–자음의 음가와 받침

안내 말씀 드리겠습니다.
곧 **공항에 도착하겠습니다.
좌석 등받이와 (발 받침대,) 테이블을 제자리로 해주시고, 꺼내놓은 짐 또는 노트북 등 전자 기기는 앞 좌석 아래나 선반 속에 다시 보관해주시기 바랍니다.
호주에서는 동물, 식물, 그리고 식품류를 포함한 모든 농·수·축산물의 반입을 엄격히 규제하고 있습니다.
이와 같은 물품을 갖고 계신 분은 반드시 신고서에 적어주십시오.
신고하지 않은 물품에 대해서는 벌금이 부과될 수 있으니 유의하시기 바랍니다.
그리고 발열, 오한 등 건강 상태가 좋지 않으신 분은 승무원에게 말씀해주십시오.
감사합니다.

영어 실전 연습

Ladies and gentlemen, we are approaching ** airport.
Please return your seat and tray table to the upright position,/ and stow your carry-on items, including laptops and other larger electronic devices,/ in the overhead bins or under the seat in front of you.
Also, this is an important message/ from the Australian Government.
Australia has strict biosecurity laws that affect you.
You will receive an Incoming Passenger Card/ that asks questions about what you are bringing to Australia/ and the places you have visited.
You must answer these truthfully.
It is a legal document/ and a false statement may result in a penalty.
It will be checked by an official on your arrival.
You must mark 'yes' on your card/ if you have certain food, plant or animal products, or equipment or shoes/ used in rivers and lakes/ or with soil attached.
Food supplied onboard must be left onboard.
After any international travel,/ there may be a small chance/ that you have been exposed to a communicable disease.

If you are feeling unwell,/ particularly with fever, chills or sweats,/ it is important for your own health and for the protection of others,/ that you bring this to the attention of a member of the crew.
Thank you.

[주의할 발음]

upright **[ʌpraɪt]**	position **[pəzɪʃn]**	message **[mesɪdʒ]**
Australian **[ɒstreɪliən; ɔ:streɪ-]**	legal **li:gl]**	false **[fɔ:ls]**
certain **[sɜ:rtn]**	equipment **[ɪ'kwɪpmənt]**	soil **[sɔɪl]**
communicable **[kəmju:nɪkəbl]**	disease **[dɪzi:z]**	fever **[fi:və(r)]**
sweats **[swet]**	overhead **[əuvəhed; ouvərhed]**	
to the upright position, in the overhead bins **[ði]** **[ði]**		
[-ed], 복수형 [s] 음가의 발음에 주의한다. visited, attached, supplied items, devices, laptops, bins, laws, asks, questions, places, products, shoes, rivers, lakes, chills, sweats, others		

6. landing

• landing signal과 함께 cabin PSU에 좌석 벨트 표시등이 켜진다.

손님 여러분, 우리 비행기는 곧 착륙하겠습니다.
좌석 벨트를 매주십시오.

[선택] B787-9 기종은 제외
그리고 창문 덮개는 열어두시기 바랍니다.

감사합니다.

Ladies and gentlemen, we will be landing shortly.
Please fasten your seatbelt.

[선택] B787-9 기종은 제외
and open your window shades.

Thank you.

한국어 실전 연습-장음과 모음

손님 여러분, 우리 비행기는 곧 착륙하겠습니다.
좌:석 벨트를 매:주십시오.

[선택] B787-9 기종은 제외
그리고 창문 덮개는 열어두시기 바랍니다.

감사합니다.

B787-9 기종의 창문

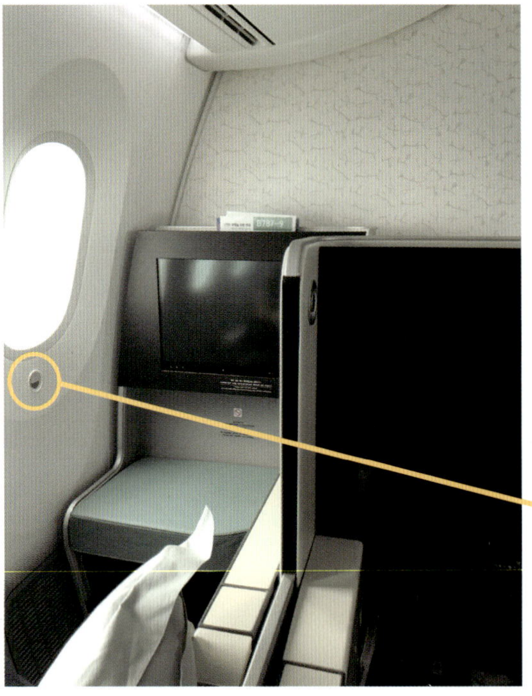

▲ 조절 정도 비교: 창문 조절 버튼이 고장난 경우 왼쪽과 같이 고무 패드를 이용하여 승객의 불편을 최소화한다.

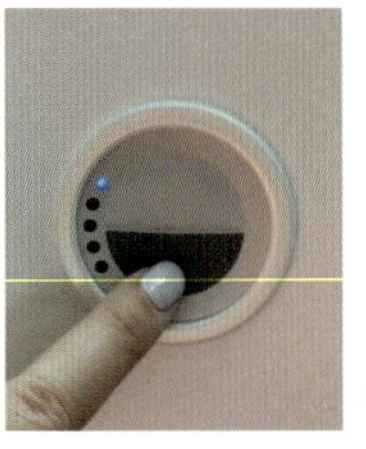

◀ 조절 버튼

▲ B787-9의 창문은 덮개가 아닌 버튼 방식이다. 단계별로 빛을 차단할 수 있으며, 이착륙 시 객실의 모든 창문을 일괄적으로 open 상태로 변경한다.

PSU(passenger service unit)

항공기 승객 좌석 위의 오버헤드 패널에 있는 부속품으로 독서등, 스피커, 좌석 벨트 표시등, 환풍 장치가 있다. 비상시에는 산소 마스크를 떨어뜨려 승객에게 제공한다.

한국어 실전 연습–자음의 음가와 받침

손님 여러분, 우리 비행기는 곧 착륙하겠습니다.
좌석 벨트를 매주십시오.

[선택] B787–9 기종은 제외
그리고 창문 덮개는 열어두시기 바랍니다.

감사합니다.

영어 실전 연습

Ladies and gentlemen, we will be landing shortly.
Please fasten your seatbelt.

[선택] B787–9 기종은 제외
and open your window shades.

Thank you.

[주의할 발음]

fasten **[ˈfæsn]**	seat **[siːt]**	shade **[ʃeɪd]**	open **[ˈoʊ-]**
seatbelt가 seatbell로 들리지 않도록 [t] 발음을 주의한다. shades 마지막 자음의 발음을 주의한다.			

7. 항공기 도착 후

1) farewell

- 항공기가 도착지 공항에 착륙한 후 해당 기내 방송을 실시하며, 다소 천천히 말하여 정중함이 느껴지게 한다.
- 항공기가 완전히 멈추기 전까지는 엔진 소리 때문에 내용 전달이 어려우므로 thrust reversal(reverse thrust, 역추진 장치) 후에 방송한다.

손님 여러분, 우리 비행기는 **공항에 도착했습니다.

[선택 1] **30분 이상 지연 시(기상이나 천재지변 등 항공사에 귀책사유가 없는 경우[1])**
***** 관계로 도착이 예정보다 늦어졌습니다.

비행기가 완전히 멈춘 후 좌석 벨트 표시등이 꺼질 때까지 자리에서 기다려주시고, 선반을 여실 때는 안에 있는 물건이 떨어질 수 있으니 조심해주십시오.

[선택 2] **multi-portion에서 중간 기착지에 도착한 경우**
또한 ***(목적지 도시)까지 가시는 분들은 ***(중간 기착지 공항)에 도착하면 모든 짐을 갖고 내리시고 탑승권도 잊지 마시기 바랍니다.
내리신 후에는 지상 직원의 안내에 따라 공항 대기 장소에서 잠시 기다려주십시오.

오늘도 스카이팀 회원사인 저희 **항공을 이용해주셔서 대단히 감사합니다.

1 항공사에 책임이 없는 지연의 예
- 기상 조건(weather conditions)
- 공항 관제탑의 이륙 허가를 기다리는(late take off clearance from the control tower)
- 우리 앞에 이착륙 비행기가 많아 차례를 기다린(traffic congestion)
- 활주로의 제설 작업(snow removal from the runway)
- 심한 맞바람이 부는(strong headwinds)
- 공항이 혼잡한(airport congestion)

저희 승무원들은 앞으로도 안전하고 편안하게 여행하실 수 있도록 정성을 다하겠습니다.
감사합니다.

Ladies and gentlemen, we have landed at ** (international) airport.

[선택 1] 30분 이상 지연 시(기상이나 천재지변 등 항공사에 귀책사유가 없는 경우[1])

Today we were delayed due to *****.

Please remain seated until the captain turns off the seatbelt sign.
Be careful when opening the overhead bins as the contents may fall out.

[선택 2] multi-portion에서 중간 기착지에 도착한 경우

Also, if you are continuing on to ***(목적지 도시) with us, be sure to take all your belongings including your boarding pass before proceeding to the transit area.
Please listen for the boarding announcement in the transit area.

Thank you for choosing ****, a member of SkyTeam and we hope to see you again soon.

생각해보기 6

| **Question** thrust reversal(reverse thrust)이란 무엇인지, 그리고 farewell 방송을 할 때 고려해야 하는 이유는 무엇인지 생각해보자.

| **Answer** 부록 참조

thrust reversal 고장으로 인한 항공기 사고

1998년, 필리핀항공(Philippine Airlines) 소속 137편 항공기(A320)가 바콜로드시티공항에 착륙하던 중 활주로 끝을 통과해버렸다. 항공기의 1번 엔진 thrust reverser(역추진 장치, 보조 제동 장치)가 제대로 작동하지 않았으나 조종사는 이를 미처 알아채지 못했다. 결국 활주로 끝을 통과해 overrun 상태가 되었다. 항공기의 승객은 전부 무사했지만 지상에 있던 3명의 목숨을 앗아갔다.

출처: 항공 여행 정보(https://airtravelinfo.kr/xe/air_history/53945)

한국어 실전 연습-장음과 모음

- '회원사'가 '해언사'로, '관계로'가 '간개로'로 들리지 않도록 주의해서 발음한다.
- '늦어졌습니다'를 빠르게 읽지 않도록 주의한다.

손님 여러분, 우리 비행기는 **공항에 도:착했습니다.

[선택 1] 30분 이상 지연 시(기상이나 천재지변 등 항공사에 귀책사유가 없는 경우)
***** 관계로 도:착이 예:정보다 늦어졌습니다.

비행기가 완전히 멈춘 후 좌:석 벨트 표시등이 꺼질 때까지 자리에서 기다려주시고, 선반을 여실 때는 안에 있는 물건이 떨어질 수 있으니 조:심해주십시오.

[선택 2] multi-portion에서 중간 기착지에 도착한 경우
또한 ***(목적지 도시)까지 가시는 분들은 ***(중간 기착지 공항)에 도:착하면 모든 짐을 갖고 내리시고 탑승권도 잊지 마시기 바랍니다.
내리신 후에는 지상 직원의 안:내에 따라 공항 대:기 장소에서 잠:시 기다려주십시오.

오늘도 스카이팀 회:원사인 저희 **항:공을 이:용해주셔서 대:단히 감사합니다.
저희 승무원들은 앞으로도 안전하고 편안하게 여행하실 수 있도록 정성을 다하겠습니다.
감사합니다.

한국어 실전 연습-자음의 음가와 받침

손님 여러분, 우리 비행기는 **공항에 도착했습니다.

[선택 1] 30분 이상 지연 시(기상이나 천재지변 등 항공사에 귀책사유가 없는 경우)
***** 관계로 도착이 예정보다 늦어졌습니다.

비행기가 완전히 멈춘 후 좌석 벨트 표시등이 꺼질 때까지 자리에서 기다려주시고, 선반을 여실 때는 안에 있는 물건이 떨어질 수 있으니 조심해주십시오.

[선택 2] multi-portion에서 중간 기착지에 도착한 경우
또한 ***(목적지 도시)까지 가시는 분들은 ***(중간 기착지 공항)에 도착하면 모든 짐을 갖고 내리시고 탑승권도 잊지 마시기 바랍니다.
내리신 후에는 지상 직원의 안내에 따라 공항 대기 장소에서 잠시 기다려주십시오.

오늘도 스카이팀 회원사인 저희 **항공을 이용해주셔서 대단히 감사합니다.
저희 승무원들은 앞으로도 안전하고 편안하게 여행하실 수 있도록 정성을 다하겠습니다.
감사합니다.

영어 실전 연습

Ladies and gentlemen, we have landed at ** (international) airport.

[선택 1] 30분 이상 지연 시(기상이나 천재지변 등 항공사에 귀책사유가 없는 경우)
Today we were delayed due to *****.

Please remain seated until the captain turns off the seatbelt sign.
Be careful when opening the overhead bins/ as the contents may fall out.

[선택 2] multi-portion에서 중간 기착지에 도착한 경우

Also, if you are continuing on to ***(목적지 도시) with us,/ be sure to take all your belongings including your boarding pass/ before proceeding to the transit area.

Please listen for the boarding announcement in the transit area.

Thank you for choosing ****, a member of SkyTeam/ and we hope to see you again soon.

대체 공항에의 임시 착륙

상장을 앞두고 서비스를 강점으로 내세우던 에어부산의 이미지에 타격을 입히는 승객 대기 사건이 발생했다. 2018년 11월 25일 대만 타이베이에서 출발하여 부산 김해공항에 도착하기로 되어 있던 에어부산 BX798 편 항공기가 안개에 따른 시정 악화로 인천공항으로 회항했다.

이 항공기 기장은 "김해공항의 기상 악화로 출발이 어려우니 조금 기다려달라"며 "기장과 부기장은 하루 8시간 이상 비행기를 운항할 수 없으므로 대체 항공편이 오면 갈아타고 부산으로 가야 한다"고 말했다. 비행기는 인천공항에 오전 6시 30분 착륙했지만 항공기 기장은 오전 11시 40분이 되어서야 승객에게 "비행기에서 내려 공항 대합실에서 기다려달라"는 방송을 내보냈다. 에어부산은 "인천공항이 도착 공항이 아니었기 때문에 보안 문제로 승객을 비행기 밖으로 이동시키기 어려웠다"고 해명했다.

이 항공기에 당뇨병 환자와 어린이, 노인 등 노약자가 많아 승객의 고통이 컸다는 것이 알려지면서 비난 여론이 높아지자 한태근은 11월 27일 에어부산 홈페이지에 본인 명의의 사과문을 올리고 재발 방지를 약속했다. 한태근은 사과문에서 "11월 25일 김해국제공항의 기상 악화에 따른 인천국제공항 회항 항공편에서 발생한 장시간 기내 대기로 손님 여러분께 큰 불편을 끼쳐드린 점 깊이 사과드린다"며 "운임의 20%를 보상한다는 기존 규칙에 얽매이지 않고 적절한 수준의 보상을 할 것"이라고 말했다.

출처: 윤휘종(비즈니스포스트, 2018년 12월 26일)

[주의할 발음]

due **[du:]**	continuing **[kəntínju:iŋ]**	belongings **[bɪ'lɒŋɪŋz]**
including **[ɪn'klu:dɪŋ]**	proceeding **[prə'si:dɪŋ]**	choosing **[tʃu:zɪŋ]**
hope **[hoʊp]**	clearance **['klɪərəns]**	congestion **[kən'dʒestʃən]**
the overhead bins **[ði]**		
[-ed], 복수형 [s] 음가의 발음에 주의한다. landed, delayed, seated turns, bins, contents, belongings		

2) farewell(multi-portion에서 환승 공항에 도착한 경우)

〈하기하는 승객이 없는 경우〉

손님 여러분, **공항에 도착했습니다.

[선택 1] 30분 이상 지연 시(기상이나 천재지변 등 항공사에 귀책사유가 없는 경우)

***** 관계로 도착이 예정보다 늦어졌습니다.

비행기가 완전히 멈춘 후 좌석 벨트 표시등이 꺼질 때까지 자리에서 기다려주십시오.

[선택 2] 승무원이 교대하는 경우

저희 (운항/객실) 승무원들은 이곳에서 (전원) 교대하게 됩니다.

스카이팀 회원사인 **항공과 함께 목적지까지 편안한 여행을 하시길 바랍니다.

Ladies and gentlemen, we have landed at ** (international) airport.

[선택 1] 30분 이상 지연 시(기상이나 천재지변 등 항공사에 귀책사유가 없는 경우)

Today we are delayed due to *****.

Please remain seated until the captain turns off the seatbelt sign.

Thank you for choosing ****, a member of SkyTeam.

[선택 2] 승무원이 교대하는 경우

For your information, there will be a change of crew here.

We wish you a pleasant flight to your final destination.

〈하기하는 승객이 있는 경우〉

손님 여러분, **공항에 도착했습니다.

[선택 1] 30분 이상 지연 시(기상이나 천재지변 등 항공사에 귀책사유가 없는 경우)

***** 관계로 도착이 예정보다 늦어졌습니다.

비행기가 완전히 멈춘 후 좌석 벨트 표시등이 꺼질 때까지 자리에서 기다려주십시오.
선반을 여실 때는 안에 있는 물건이 떨어질 수 있으니 조심해주시고, 내리실 때는 잊으신 물건이 없는지 다시 한 번 확인해주시기 바랍니다.
오늘도 스카이팀 회원사인 **항공을 이용해주셔서 감사합니다.

[선택 2] 승무원이 교대하는 경우

저희 (운항/객실) 승무원들은 이곳에서 (전원) 교대하게 됩니다.
이곳에서 내리시는 손님 여러분, 안녕히 가십시오.

Ladies and gentlemen, we have landed at ** (international) airport.

[선택 1] 30분 이상 지연 시(기상이나 천재지변 등 항공사에 귀책사유가 없는 경우)

Today we are delayed due to *****.

Please remain seated until the captain turns off the seatbelt sign.
Be careful when opening the overhead bins as the contents may fall out and remember to take all your belongings.

[선택 2] 승무원이 교대하는 경우

For your information, there will be a change of crew here.
If you are leaving us, we thank you for flying with us and we hope to see you again soon.
Thank you.

한국어 실전 연습-장음과 모음

- '관계'가 '간개'로, '확인'이 '학인'으로 들리지 않도록 주의해서 발음한다.

〈하기하는 승객이 없는 경우〉
손님 여러분, **공항에 도:착했습니다.

[선택 1] 30분 이상 지연 시(기상이나 천재지변 등 항공사에 귀책사유가 없는 경우)
***** 관계로 도:착이 예:정보다 늦어졌습니다.

비행기가 완전히 멈춘 후 좌:석 벨트 표시등이 꺼질 때까지 자리에서 기다려주십시오.

[선택 2] 승무원이 교대하는 경우
저희 (운항/객실) 승무원들은 이곳에서 (전원) 교대하게 됩니다.
스카이팀 회:원사인 **항:공과 함께 목적지까지 편안한 여행을 하시길 바랍니다.

〈하기하는 승객이 있는 경우〉
손님 여러분, **공항에 도:착했습니다.

[선택 1] 30분 이상 지연 시(기상이나 천재지변 등 항공사에 귀책사유가 없는 경우)
***** 관계로 도:착이 예:정보다 늦어졌습니다.

비행기가 완전히 멈춘 후 좌:석 벨트 표시등이 꺼질 때까지 자리에서 기다려주십시오.
선반을 여실 때는 안에 있는 물건이 떨어질 수 있으니 조:심해주시고, 내리실 때는 잊으신 물건이 없는지 다시 한 번 확인해주시기 바랍니다.
오늘도 스카이팀 회원사인 **항:공을 이용해주셔서 감사합니다.

[선택 2] 승무원이 교대하는 경우
저희 (운항/객실) 승무원들은 이곳에서 (전원) 교대하게 됩니다.
스카이팀 회:원사인 **항:공과 함께 목적지까지 편안한 여행을 하시길 바랍니다.

한국어 실전 연습-자음의 음가와 받침

〈하기하는 승객이 없는 경우〉
손님 여러분, **공항에 도착했습니다.

[선택 1] 30분 이상 지연 시(기상이나 천재지변 등 항공사에 귀책사유가 없는 경우)
***** 관계로 도착이 예정보다 늦어졌습니다.

비행기가 완전히 멈춘 후 좌석 벨트 표시등이 꺼질 때까지 자리에서 기다려주십시오.

[선택 2] 승무원이 교대하는 경우
저희 (운항/객실) 승무원들은 이곳에서 (전원) 교대하게 됩니다.
스카이팀 회원사인 **항공과 함께 목적지까지 편안한 여행을 하시길 바랍니다.

〈하기하는 승객이 있는 경우〉
손님 여러분, **공항에 도착했습니다.

[선택 1] 30분 이상 지연 시(기상이나 천재지변 등 항공사에 귀책사유가 없는 경우)
***** 관계로 도착이 예정보다 늦어졌습니다.

비행기가 완전히 멈춘 후 좌석 벨트 표시등이 꺼질 때까지 자리에서 기다려주십시오.
선반을 여실 때는 안에 있는 물건이 떨어질 수 있으니 조심해주시고, 내리실 때는 잊으신 물건이 없는지 다시 한 번 확인해주시기 바랍니다.
오늘도 스카이팀 회원사인 **항공을 이용해주셔서 감사합니다.

[선택 2] 승무원이 교대하는 경우
저희 (운항/객실) 승무원들은 이곳에서 (전원) 교대하게 됩니다.
이곳에서 내리시는 손님 여러분, 안녕히 가십시오.

영어 실전 연습

〈하기하는 승객이 없는 경우〉

Ladies and gentlemen,/ we have landed at ** (international) airport.

[선택 1] 30분 이상 지연 시(기상이나 천재지변 등 항공사에 귀책사유가 없는 경우)

Today we are delayed due to *****.

Please remain seated until the captain turns off the seatbelt sign.
Thank you for choosing **** , a member of SkyTeam.

[선택 2] 승무원이 교대하는 경우

For your information, there will be a change of crew here.
We wish you a pleasant flight to your final destination.

〈하기하는 승객이 있는 경우〉

Ladies and gentlemen,/ we have landed at ** (international) airport.

[선택 1] 30분 이상 지연 시(기상이나 천재지변 등 항공사에 귀책사유가 없는 경우)

Today we are delayed due to *****.

Please remain seated until the captain turns off the seatbelt sign.
Be careful when opening the overhead bins/ as the contents may fall out/ and remember to take all your belongings.

[선택 2] 승무원이 교대하는 경우

For your information, there will be a change of crew here.
If you are leaving us,/ we thank you for flying with us and we hope to see you again soon.
Thank you.

주의할 발음

due **[du:]**	belongings **[bɪˈlɒŋɪŋz]**	choosing **[tʃu:zɪŋ]**
wish **[wɪʃ]**	pleasant **[ˈpleznt]**	
the overhead bins **[ði]**		
[-ed], 복수형 [s] 음가의 발음에 주의한다. landed, delayed, seated turns, bins, belongings		

기내 방송 실전 - 비정규 방송

AIRLINES CABIN
ATTENDANT'S IN-FLIGHT
ANNOUNCEMENTS PRACTICE

기내 방송 실전-비정규 방송

AIRLINES CABIN ATTENDANT'S IN-FLIGHT ANNOUNCEMENTS PRACTICE

1. 승객 착석 요청

- 출발하기 위해 승객에게 착석을 부탁하는 기내 방송으로 사무장이 실시한다.

안내 말씀 드리겠습니다.
출발 전 점검 절차로, 손님들께서 자리에 앉으셨는지 확인하고 있습니다.
출발을 위해 자리에 앉아주시기 바랍니다.
협조를 부탁드립니다.

Ladies and gentlemen, we ask all passengers to take their assigned seats so that we can depart promptly.
Thank you.

한국어 실전 연습–장음과 모음

안:내 말씀 드리겠습니다.
출발 전 점검 절차로, 손님들께서 자리에 앉으셨는지 확인하고 있습니다.
출발을 위해 자리에 앉아주시기 바랍니다.
협조를 부탁드립니다.

한국어 실전 연습–자음의 음가와 받침

안내 말씀 드리겠습니다.
출발 전 점검 절차로, 손님들께서 자리에 앉으셨는지 확인하고 있습니다.
출발을 위해 자리에 앉아주시기 바랍니다.
협조를 부탁드립니다.

영어 실전 연습

Ladies and gentlemen, we ask all passengers to take their assigned seats/ so that we can depart promptly.
Thank you.

[주의할 발음]

assigned **[əsáind]**	seat **[si:t]**	promptly **[ˈprɒmptli]**
[-ed], 복수형 [s] 음가의 발음에 주의한다. assigned passengers, seats		

4
기내 방송 실전–비정규 방송

2. 기내 흡연 제지

• 기내에서 흡연한 승객을 발견하거나 흡연을 한 것으로 의심되는 경우 사무장이 기내 방송을 실시한다.

안내 말씀 드리겠습니다.
비행기 내 모든 구역, 특히 화장실 안에서의 흡연은 관련 법규에 따라 엄격히 금지돼 있습니다.
손님들의 협조를 바랍니다.

Ladies and gentlemen, smoking is prohibited on this aircraft.
Thank you for your cooperation.

한국어 실전 연습-장음과 모음

안:내 말씀 드리겠습니다.
비행기 내 모든 구역, 특히 화장실 안에서의 흡연은 관련 법규에 따라 엄격히 금:지돼 있습니다.
손님들의 협조를 바랍니다.

한국어 실전 연습-자음의 음가와 받침

안내 말씀 드리겠습니다.
비행기 내 모든 구역, 특히 화장실 안에서의 흡연은 관련 법규에 따라 엄격히 금지돼 있습니다.
손님들의 협조를 바랍니다.

영어 실전 연습

Ladies and gentlemen, smoking is prohibited on this aircraft.
Thank you for your cooperation.

[주의할 발음]

prohibited **[prouhíbitid]**	aircraft **[ˈerkræft]**	cooperation **[kəʊˌɒpəˈreɪʃn]**

3. 항공기 제빙·방빙

- 항공기 동체에 쌓인 눈과 서리 등을 약품을 처리하여 제거하는 작업은 제빙(de-icing)과 방빙(anti-icng)으로 구분된다. 각각에 사용되는 용액이 다르지만 일반적으로 이 두 가지 작업을 'de-icing'이라고 부른다.
- 항공기 제빙·방빙 작업은 종종 승객이 탑승한 상태에서 이루어진다.
- 제빙·방빙에 사용되는 용액은 환경에 유해하므로 이 용액을 처리하는 장치를 갖춘 전용 구역에서 작업이 이루어진다.
- de-icing 방송은 기장으로부터 정확한 정보를 받아 사무장이 실시한다.

생각해보기 7

Question 항공기 제빙·방빙 작업이 종종 승객이 탑승한 상태에서 이루어지는 이유가 무엇인지 생각해 보자.

Answer 부록 참조

손님 여러분, [선택]

[선택]

❶ 우리 비행기는 잠시 후 작업장으로 이동해 항공기 제설(서리 제거) 작업을 할 예정입니다.

❷ 우리 비행기는 현재 위치에서 항공기 제설(서리 제거) 작업을 수행할 예정입니다.

이 작업은 약 **분이 걸릴 것으로 예상됩니다.
감사합니다.

Ladies and gentlemen, [선택]

항공기 제빙·방빙

비행기가 이착륙하는 데 방해가 되는 것은 여러 가지가 있지만 겨울철에는 눈이 가장 대표적이다. 눈이 비행기의 표면에 쌓이면 치워야 한다. 쌓인 눈 때문에 양력(물체를 떠올리는 힘)이 현저히 줄어들어 이륙하지 못할 수도 있기 때문이다. 그런데 비행기에 쌓인 눈을 치워야 하는 중요한 이유가 또 있다. 비행기의 각 이음새 부분에 눈이 얼어붙어 조종이 불가능해질 수도 있기 때문에 비행기에 쌓인 눈은 철저히 제거해야 한다. 실제로 눈 때문에 항공 사고가 발생하기도 한다.

비행기의 눈을 제거하는 일은 비행기가 현대화되면서 점차 부각되기 시작했다. 비행기 날개의 구성품이 복잡해지면서 안전을 위해 눈을 제거하는 일이 민감한 문제가 된 것이다. 요즘에는 제빙액과 방빙액을 차례로 뿌려 눈을 제거하고 눈이 쌓이지 않게 한다.

그런데 과거에는 어떤 방법으로 비행기의 눈을 제거했을까? 지금처럼 기술이 발달하기 전에는 빗자루로 동체와 날개의 눈을 제거한 다음 날개의 각 부품이 정상적으로 작동하는지 확인하고 비행기를 띄웠다.

오늘날 동체와 날개에 쌓인 눈을 녹이는 데에는 뜨거운 물을 사용하기도 하지만 주로 제빙액을 사용한다. 그런데 이 특수 용액이 환경에 유해하다는 주장이 계속 제기되고 있다. 항공 업계에서는 충분히 검증된 용액이라는 입장이며, 만약을 위해 사용한 폐용액은 따로 수거하여 폐기하기 때문에 안전하다고 주장한다. 그러나 폐용액을 하천에 버리는 일부 소규모 공항도 있는 실정이다.

따라서 아주 극소수이기는 하지만 또 다른 형태의 제빙·방빙 방법이 시도되고 있다.

Cristina Nixau/Shutterstock.com(왼쪽 아래 사진)

▲ 항공기에 눈이 얼어붙은 모습

▲ de-icing 전용 차량으로 눈을 제거하는 모습

대표적인 방법은 뜨거운 열선을 이용하여 비행기에 쌓인 눈을 녹이는 것이다. 이는 쉽게 말해 자동 세차와 비슷한 터널식 제빙 방식이다. 터널 모양의 시설 안으로 비행기가 들어가면 그 안에 있는 뜨거운 열선으로 비행기에 쌓인 눈을 녹이는 것이다. 그러나 시설을 구축하는 데 많은 비용이 드는 데다, de-icing 차량을 이용하는 방식보다 비용 면에서 크게 유리한 점이 없기 때문에 실제로는 많이 활용되지 않는다.

눈 오는 날 비행기를 탈 일이 있다면 비행기의 눈을 녹이기 위해 분주하게 움직이는 차량을 쉽게 볼 수 있을 것이다. 비행기 자체의 기능을 개선하여 눈이 쌓이지 않게 하거나 쌓인 눈을 손쉽게 녹이는 방법이 개발된다면 눈 때문에 결항되거나 지연되는 일이 현저히 감소하겠지만 아직은 그런 기술이 개발되지 않았다.

출처: 항공 여행 정보(https://airtravelinfo.kr/xe/air_sense_board/55086)

[선택]

❶ we are going to the de-icing pad to remove snow(frost) from the aircraft.

❷ we need to remove snow(frost) from the aircraft.

This will take about ** minutes.

Thank you.

한국어 실전 연습–장음과 모음

• [잠:시], [예:정], [예:상]의 장음에 주의한다.

손님 여러분, [선택]

[선택]
❶ 우리 비행기는 잠:시 후 작업장으로 이동해 항공기 제설(서리 제거) 작업을 할 예:정입니다.
❷ 우리 비행기는 현재 위치에서 항공기 제설(서리 제거) 작업을 수행할 예:정입니다.

이 작업은 약 **분이 걸릴 것으로 예:상됩니다.
감사합니다.

한국어 실전 연습–자음의 음가와 받침

손님 여러분, [선택]

[선택]
❶ 우리 비행기는 잠시 후 작업장으로 이동해 항공기 제설(서리 제거) 작업을 할 예정입니다.
❷ 우리 비행기는 현재 위치에서 항공기 제설(서리 제거) 작업을 수행할 예정입니다.

이 작업은 약 **분이 걸릴 것으로 예상됩니다.
감사합니다.

영어 실전 연습

Ladies and gentlemen, [선택]

[선택]

❶ we are going to the de-icing pad to remove snow(frost) from the aircraft.

❷ we need to remove snow(frost) from the aircraft.

This will take about ** minutes.

Thank you.

[주의할 발음]

frost **[frɔːst]**	remove **[rɪˈmuːv]**
복수형 [s] 음가의 발음에 주의한다. minutes	

4. 도착 지연 시 연결편 승객 안내

- 도착이 지연되었을 때 연결편 승객을 위해 지상으로부터 요청이 있는 경우 기내 방송을 한다.
- 도착 전 적정 시점에 사무장이 실시한다.

안내 말씀 드리겠습니다.

**공항에 도착 후 연결편으로 갈아타시는 손님께서는 [선택]

[선택]

❶ 내리셔서 저희 지상 직원의 안내를 받으시기 바랍니다.

❷ 내리신 후 보안 검색을 마치고 갈아타시는 연결편의 탑승구로 이동하시기 바랍니다.

감사합니다.

Ladies and gentlemen, passengers with connecting flights, [선택]

[선택]

❶ should follow the instructions of our ground staff.

❷ should proceed to the security check.

Thank you.

한국어 실전 연습–장음과 모음

- [안:내], [말:씀], [도:착], [연:결], [보:안]의 장음에 주의한다.

안:내 말:씀 드리겠습니다.
**공항에 도:착 후 연:결편으로 갈아타시는 손님께서는 [선택]

[선택]
❶ 내리셔서 저희 지상 직원의 안:내를 받으시기 바랍니다.
❷ 내리신 후 보:안 검색을 마치고 갈아타시는 연:결편의 탑승구로 이동하시기 바랍니다.

감사합니다.

한국어 실전 연습-자음의 음가와 받침

안내 말씀 드리겠습니다.
**공항에 도착 후 연결편으로 갈아타시는 손님께서는 [선택]

[선택]
❶ 내리셔서 저희 지상 직원의 안내를 받으시기 바랍니다.
❷ 내리신 후 보안 검색을 마치고 갈아타시는 연결편의 탑승구로 이동하시기 바랍니다.

감사합니다.

영어 실전 연습

Ladies and gentlemen, passengers with connecting flights,/ [선택]

[선택]
❶ should follow the instructions of our ground staff.
❷ should proceed to the security check.

Thank you.

[주의할 발음]

proceed **[prəˈsiːd]**	security **[sɪˈkjʊərəti]**
복수형 [s] 음가의 발음에 주의한다. passengers, flights, instructions	

5. 도착지 공항의 검역으로 인한 하기 지연

• 공항에 도착한 후에 사무장이 기내 방송을 실시한다.

안내 말씀 드리겠습니다. [선택 1] [선택 2]

[선택 1]

❶ 내리시기 전에 공항 검역 직원이 검역을 실시할 예정입니다.

❷ 내리신 후 검역이 있을 예정입니다.

❸ 지금 입국을 위한 검역이 실시되고 있어 비행기에서 내리시는 것이 늦어지고 있습니다.

[선택 2]

❶ 손님들께서는 검역 작업이 끝날 때까지 자리에서 기다려주시기 바랍니다.

❷ 손님들께서는 저희 승무원이 안내해드릴 때까지 잠시만 기다려주시기 바랍니다.

Ladies and gentlemen, [선택 1] [선택 2]

[선택 1]

❶ the Quarantine Authorities will be conducting a brief inspection before you deplane.

❷ the Quarantine Authorities will conduct a brief inspection as you exit.

❸ a brief quarantine inspection will take place as you exit the aircraft.

[선택 2]

❶ We ask for your patience as we wait for airport authorities.

❷ Please remain seated until further notice from the crew.

We greatly appreciate your cooperation.

Thank you.

한국어 실전 연습-장음과 모음

- [안:내], [말:씀], [검:역], [예:정], [안:내]의 장음에 주의한다.

안:내 말:씀 드리겠습니다. [선택 1] [선택 2]

[선택 1]

❶ 내리시기 전에 공항 검:역 직원이 검:역을 실시할 예:정입니다.

❷ 내리신 후 검:역이 있을 예:정입니다.

❸ 지금 입국을 위한 검:역이 실시되고 있어 비행기에서 내리시는 것이 늦어지고 있습니다.

[선택 2]

❶ 손님들께서는 검:역 작업이 끝날 때까지 자리에서 기다려주시기 바랍니다.

❷ 손님들께서는 저희 승무원이 안:내해드릴 때까지 잠시만 기다려주시기 바랍니다.

한국어 실전 연습-자음의 음가와 받침

- '검역 직원', '검역 작업'의 발음에 주의한다.

안내 말씀 드리겠습니다. [선택 1] [선택 2]

[선택 1]

❶ 내리시기 전에 공항 검역 직원이 검역을 실시할 예정입니다.

❷ 내리신 후 검역이 있을 예정입니다.

❸ 지금 입국을 위한 검역이 실시되고 있어 비행기에서 내리시는 것이 늦어지고 있습니다.

[선택 2]

❶ 손님들께서는 검역 작업이 끝날 때까지 자리에서 기다려주시기 바랍니다.

❷ 손님들께서는 저희 승무원이 안내해드릴 때까지 잠시만 기다려주시기 바랍니다.

영어 실전 연습

Ladies and gentlemen,/ [선택 1] [선택 2]

[선택 1]

❶ the Quarantine Authorities will be conducting a brief inspection/ before you deplane.

❷ the Quarantine Authorities will conduct a brief inspection/ as you exit.

❸ a brief quarantine inspection will take place/ as you exit the aircraft.

[선택 2]

❶ We ask for your patience as we wait for airport authorities.

❷ Please remain seated until further notice from the crew.

We greatly appreciate your cooperation.
Thank you.

[주의할 발음]

quarantine [ˈkwɔːrəntiːn]	authorities [ɔːθɒrətiz]	brief [briːf]	inspection [ɪnˈspekʃn]
patience [ˈpeɪʃns]	appreciate [əˈpriːʃieɪt]	cooperation [koʊɑːpəˈreɪʃn]	
the aircraft [ði]			

6. 기름 냄새로 인한 불편 상황

- 기름 냄새가 나는 zone만 사무장이 기내 방송을 실시한다.

손님 여러분, 비행기 연료가 연소되면서 기름 냄새가 나고 있습니다.
안전 운항과는 아무 관계가 없으며, 이륙 후에는 냄새가 바로 없어질 예정입니다.
이 점 양해해주시기 바랍니다.

Ladies and gentlemen, the gas odor in the cabin will disappear shortly after take off.
Please be assured that this does not affect the safety of the flight.

한국어 실전 연습-장음과 모음

- [냄:새], [운:항], [예:정]의 장음에 주의한다.

손님 여러분, 비행기 연료가 연소되면서 기름 냄:새가 나고 있습니다.
안전 운:항과는 아무 관계가 없으며, 이륙 후에는 냄:새가 바로 없어질 예:정입니다.
이 점 양해해주시기 바랍니다.

한국어 실전 연습-자음의 음가와 받침

- '비행기', '양해해'의 [ㅎ] 음가에 주의해서 발음한다.
- '안전 운항'이 '안전 운앙'으로 들리지 않도록 주의해서 발음한다.

손님 여러분, 비행기 연료가 연소되면서 기름 냄새가 나고 있습니다.
안전 운항과는 아무 관계가 없으며, 이륙 후에는 냄새가 바로 없어질 예정입니다.
이 점 양해해주시기 바랍니다.

영어 실전 연습

Ladies and gentlemen, the gas odor in the cabin will disappear shortly after take off.
Please be assured that this does not affect the safety of the flight.

[주의할 발음]

odor **[óudər]**	disappear **[ˌdɪsəˈpɪə(r)]**	assure **[əˈʃʊr]**
[-ed]의 발음에 주의한다. assured		

7. 일반 paging

• paging 기내 방송은 사무장이 실시한다.

손님을 찾습니다.
손님 여러분 중에 *** 님, *** 님 계시면 저희 승무원에게 말씀해주십시오.

Paging Mr.(Ms.) ***, paging Mr.(Ms.) ***, please present yourself to one of our cabin crew.

한국어 실전 연습–장음과 모음

손님을 찾습니다.
손님 여러분 중에 *** 님, *** 님 계시면 저희 승무원에게 말:씀해주십시오.

한국어 실전 연습–자음의 음가와 받침

손님을 찾습니다.
손님 여러분 중에 *** 님, *** 님 계시면 저희 승무원에게 말씀해주십시오.

영어 실전 연습

• 정보 전달이 가장 중요하므로 이름을 강조해서 방송한다.

Paging Mr.(Ms.) ***, paging Mr.(Ms.) ***,/ please present yourself to one of our cabin crew.

8. 의료진 paging

• paging 기내 방송은 사무장이 실시한다.

〈doctor paging(1차)〉
안내 말씀 드리겠습니다.
지금 기내에 응급 환자가 발생했습니다.
손님 중에 의사 선생님이 계시면 저희 승무원에게 말씀해주십시오.

Ladies and gentlemen, we have a passenger who requires emergency medical attention.
If there is a medical doctor on board, please contact any of our cabin crew.
Thank you.

한국어 실전 연습-장음과 모음

• [안:내], [말:씀], [응:급 환:자]의 장음에 주의한다.

안:내 말:씀 드리겠습니다.
지금 기내에 응:급 환:자가 발생했습니다.
손님 중에 의사 선생님이 계시면 저희 승무원에게 말:씀해주십시오.

한국어 실전 연습

안내 말씀 드리겠습니다.
지금 기내에 응급 환자가 발생했습니다.
손님 중에 의사 선생님이 계시면 저희 승무원에게 말씀해주십시오.

영어 실전 연습

Ladies and gentlemen, we have a passenger who requires emergency medical attention.
If there is a medical doctor on board, please contact any of our cabin crew.
Thank you.

[주의할 발음]

emergency **[iˈmɜːdʒənsi]**	medical **[ˈmedɪkl]**	board **[bɔːrd]**
복수형 [s] 음가의 발음에 주의한다. requires		

9. 활주로 지연(tarmac delay) 시 승객 하기 상황

- 해당 station 규정에 따라 기내 방송을 실시한다.
- 도어가 열려 있는 상태에서 승객이 하기할 기회가 있는 경우에 한하여 방송한다.
- 출발 예정 시간보다 30분 이상 지연되어 공항 지점에서 방송하지 못하는 경우 사무장이 실시한다.

계속해서 안내 말씀 드리겠습니다.
원하시는 손님께서는 이곳 **공항에서 내리실 수 있으며, 내리실 때는 모든 짐을 갖고 내려주시기 바랍니다.
자세한 사항은 지상 직원의 안내를 받으시기 바랍니다.
감사합니다.

Ladies and gentleman, we would like to inform you that you may deplane here at ** airport.
If you wish to deplane, you must leave the aircraft with all your baggage.
For more information, please contact our ground staff at the airport.
Thank you.

한국어 실전 연습-장음과 모음

- [계:속], [안:내], [말:씀]의 장음에 주의한다.

계:속해서 안:내 말:씀 드리겠습니다.
원하시는 손님께서는 이곳 **공항에서 내리실 수 있으며, 내리실 때는 모든 짐을 갖고 내려주시기 바랍니다.
자세한 사항은 지상 직원의 안:내를 받으시기 바랍니다.
감사합니다.

활주로 지연(tarmac delay)

김해공항에 안개가 자욱하게 꼈던 지난 25일. 에어부산 항공기 2대가 착륙을 못하고 인천공항으로 회항한 사건과 관련해 국토교통부가 조사에 착수했다. 이날 항공기는 규정을 어기고 인천공항에서 6~7시간씩 승객을 기내에 머물도록 했기 때문이다.

국토부 관계자는 27일 "행정규칙인 '항공교통 이용자 보호 기준'에는 항공사는 승객을 탑승시킨 채로 국내선은 3시간, 국제선은 4시간을 넘겨 지상에서 대기해선 안 된다"며 "에어부산 항공기 2편이 이 기준을 넘겨 경위에 대해 조사하고 있다"고 말했다. 항공사업법에는 '항공교통 이용자 보호 기준'을 지키도록 하고 있으며, 이를 어기면 항공사에 500만 원 이하의 과태료를 부과하도록 규정했다.

앞서 25일 오전 김해공항의 안개로 에어부산 항공기 9편이 김해공항에 착륙하지 못하고 김포공항이나 인천공항으로 회항했다. 이 항공기 중 타이베이와 캄보디아 시엠레아프에서 각각 출발한 항공기는 인천공항에서 승객을 태운 상태로 각각 6시간, 7시간 계류장에서 대기했다. 기내에는 당뇨병 환자와 어린이, 노인도 상당수 있어 오랜 시간 기내에서 힘들어했고 승객들의 불만이 폭증했다.

미국과 유럽에서는 어떨까. 미국은 기내 장기 대기 상황이 발생하면 손님에게 '내릴 수 있는 기회'를 보장하고 있다. 2010년 4월 '타맥 딜레이 룰(tarmac delay rule)'을 제정하여 국내선의 경우 3시간, 국제선의 경우 4시간 이상 지연이 발생하면 승객에게 내릴 수 있는 기회를 보장하게 되었다.

유럽연합(EU)의 경우 'Flight compensation Regulation 261'을 통해 승객을 보호하고 있다. 대기 시간이 5시간을 초과할 경우 승객이 티켓 값을 전액 환불받고 비행기를 타지 않을 수 있도록 보장하고 있다.

에어부산 한태근 대표이사는 27일 "장시간 대기로 불편을 겪은 모든 승객에게 진심으로 사과드린다"면서 "기존 규정된 운임의 20% 보상안을 떠나 충분한 보상이 이뤄지도록 엄중히 살피겠다. 정부와 협의를 거쳐 재발 방지 대책을 조만간 내놓겠다"고 말했다.

출처: 김덕준(부산일보, 2018년 11월 27일, "승객 가둬둔 에어부산, 칼 빼들었다")

한국어 실전 연습–자음의 음가와 받침

- '공항'이 '공앙'으로, '자세한'이 '자세안'으로, '사항'이 '사앙'으로 들리지 않도록 주의해서 발음한다.

계속해서 안내 말씀 드리겠습니다.
원하시는 손님께서는 이곳 **공항에서 내리실 수 있으며, 내리실 때는 모든 짐을 갖고 내려주시기 바랍니다.
자세한 사항은 지상 직원의 안내를 받으시기 바랍니다.
감사합니다.

영어 실전 연습

Ladies and gentleman, we would like to inform you/ that you may deplane here at ** airport.
If you wish to deplane, you must leave the aircraft with all your baggage.
For more information, please contact our ground staff at the airport.
Thank you.

[주의할 발음]

wish **[wɪʃ]**	leave **[liːv]**	baggage **[ˈbæɡɪdʒ]**
at the airport **[ðiː]**		

부록

AIRLINES CABIN ATTENDANT'S IN-FLIGHT ANNOUNCEMENTS PRACTICE

부록

AIRLINES CABIN ATTENDANT'S IN-FLIGHT ANNOUNCEMENTS PRACTICE

1. 항공사별 기내 방송

1) 에미레이트항공

생각해보기 8

Question 에미레이트항공의 Chauffeur-drive 서비스에 대해 설명해보자.

Answer 부록 참조

Good morning(afternoon/evening), ladies and gentlemen.

Captain *** and the entire crew would like to welcome you aboard.

This is Emirates Airline flight *** bound for ***.

Our flight time will be ** hour(s) ** minutes following take off.

Please make sure your seatbelt is securely fastened.

And please return your seat back and tray table to their upright position.

The use of electronic devices including a mobile Phone is not allowed during take off and landing.

Smoking in the cabin and lavatories is prohibited at all times during the flight.

We're pleased to have you on board today and we will do our very best to serve you.

Thank you.

국내 항공사 방송과 다른 표현

welcome you aboard → welcome you on board
to their upright position → to the upright position
following take off → after take off

한국인 승무원 탑승 시

승객 여러분
저는 한국인 승무원 ***입니다.
저희 승무원 모두를 대신하여 ***행 에미레이트 항공편에 탑승하신 것을 환영합니다.
오늘 비행시간은 10시간 30분으로 예상되고 37,000피트의 고도로 비행할 예정입니다.
도움이 필요하시면 언제든지 승무원에게 알려주십시오.

2) 진에어 딜라이트

생각해보기 9

Question 진에어만의 특화된 서비스에는 어떤 것이 있는지 알아보자.

Answer 부록 참조

환영 인사

두근두근 어디로 갈까?
Fly, better fly 진에어에 탑승하신 손님 여러분, 안녕하세요.
여러분과 함께 가슴 설레는 여행을 시작할 지니들이 여러분의 탑승을 진심으로 환영합니다.
기내 도우미 지니들이 여러분 모두의 여행이 기분 좋은 설렘으로 시작될 수 있도록 한 분 한 분 정성껏 모시겠습니다.
도움이 필요하시면 언제든 저희 지니를 불러주세요.
저희 지니가 여러분의 비타민이 되겠습니다.
그럼 지금부터 두근두근, 설레는 비행을 시작하겠습니다.

좌석 벨트 착용 안내

선반을 여실 때는 잠깐! 선반 안 물건이 머리 위로 떨어질 수 있으니, 헬멧을 착용하지 않으셨다면 짐을 살~살 꺼내주세요.
아울러 기내에서의 흡연은 엄격히 금지되어 있습니다.
그럼에도 불구하고 흡연을 원하시는 분께서는 항공기 밖에서만 가능함을 알려드립니다.
다만 진에어에서는 낙하산을 제공해드리지 않는다는 점을 참고해주시기 바랍니다.

스낵 판매 안내

손님 여러분, 많이 출출하셨죠?
지금부터 스낵을 준비해드리겠습니다.
때때로 남다른 소화력 덕분에 기내식을 하나 더 요청하시는 분들이 계시는데요,
이럴 때는 진에어의 주류와 음료, 스낵, 컵라면 등을 이용해주시는 센스!
하늘에서 맛보는 컵라면의 맛, 궁금하지 않으신가요?

면세품 판매 안내

손님 여러분, 지금부터 진에어의 두근두근 설레는 쇼핑이 시작될 예정입니다.
부모님 또는 남친, 여친의 선물을 잊으신 분들은 지금이 기회!
구입을 원하시는 분은 판매 카트가 지나갈 때 손을 번~쩍 들어 딜라이트한 진에어의 쇼핑을 한껏 누려보시기 바랍니다.

도착 인사

손님 여러분, 두근두근 설레는 비행 즐거우셨나요?
안에 있는 물건이 떨어지면 몹시 아프실 테니 선반을 여실 때는 조심해주시고, 내리실 때는 잊으신 물건이 없는지 다시 한 번 확인해주세요.
혹시 지니들에게 선물을 주고 싶으신 분들은 두고 가셔도 좋습니다.
두근두근 설레는 여행길, 진에어와 함께해주셔서 감사합니다.
두근두근 설레이게 더 설레이게, 딜라이트 진에어!

3) 에어서울 AIR SEOUL

생각해보기 10

| **Question** 다음은 에어서울의 safety demonstration 방송이다. 에어서울이 보유한 항공기 기종에 대해 알아보고, 바다에 내렸을 경우 6개의 구명정을 사용하는 이유는 무엇인지 생각해보자.

| **Answer** 부록 참조

손님 여러분, 안녕하십니까?
에어서울 항공편에 탑승하신 것을 진심으로 환영합니다.
Welcome aboard, ladies and gentlemen.
지금부터 이 비행기의 비상용 장비와 비상 탈출에 대해 안내 말씀 드리겠습니다.
We'd like to familiarize you with the emergency equipment and emergency evacuation of this aircraft.

휴대 수화물은 머리 위 선반이나 앞좌석 밑에 보관해주시기 바랍니다.
All carry-on baggage should be stowed in the overhead bins or under the seat in front of you.
이착륙 전에는 좌석 등받침을 원위치로 세워주시고 좌석 앞 테이블은 접어주시기 바랍니다.
Please return your seat back and tray table to the upright position before take off and landing.
좌석 벨트는 양쪽 고리를 끼워 몸에 맞게 조이시고
To fasten the seatbelt, insert the metal clip into the buckle and pull the loose end to tighten.
좌석 벨트 착용 표시등이 켜져 있는 동안에는 좌석 벨트를 계속 매주시기 바랍니다.
Also please fasten your seatbelt when the seatbelt sign is on.
풀 때는 뚜껑을 들어 당겨주십시오.
To unfasten, lift the metal flap.
스마트폰, PDA, 테이블 PC 등의 전자 기기는 사용하실 수 없으나
The use of laptop computers, tablet PCs and smart phones
비행 모드로 전환하시면 전 구간 사용이 가능합니다.
with flight mode is permitted for the duration of the flight.
이착륙 시는 손에 쥐고 사용할 수 있거나 좌석 앞주머니 속에 보관할 수 있는 크기의 전자 기기인 경우에만 사용하실 수 있으며
In some cases, electronic devices may be prohibited due to flight conditions or size limitations.
기장의 요청에 따라 전자 기기의 사용이 제한될 수 있으니 승무원의 안내에 따라주시기 바랍니다.
Please follow the cabin crew's instructions at all times.
기내에 부착되어 있는 각종 안내판을 확인하시고
Please take a moment to review the information signs and placards located in the aircraft.

기내의 화장실에서는 전자 담배를 포함해 금연해주시기 바랍니다.
Smoking in the cabin and lavatories is not allowed at any time including electronic cigarettes.
기내 감압 시에는 선반 속에 있는 산소 마스크가 내려옵니다.
In case of cabin decompression, oxygen masks will drop.
이때 산소 마스크를 앞으로 잡아당겨 호흡을 몇 번 하신 다음 끈을 머리에 맞게 조여 주십시오.
Pull the mask and cover your nose and mouth with the mask, then adjust the elastic strap.
마스크는 보호자가 먼저 착용하신 후 유아를 착용시켜주시기 바랍니다.
If you're travelling with a child, put your mask on first then help the child.
바다에 내렸을 때 사용하는 구명복은 좌석 밑에 있습니다.
Emergency life vests for an emergency water landing are stowed under the seats.
구명복은 머리 위에서부터 입으시고
To put the vest on, slip it over your head.
끈을 허리에 감아 고리에 끼워 조여주시기 바랍니다.
Take the strap and put it around your waist to fasten.
붉은색 손잡이를 당기면 부풀어지며
To inflate the vest, pull down on the red tabs.
충분히 부풀지 않을 때는 고무관을 불어주십시오.
For more air, blow the tubes on each side of the vest.
구명복은 탈출 직전 비상구 앞에서 부풀려주시기 바랍니다.
Inflate the vest just before exiting the aircraft.
이 항공기에는 모두 * 곳의 비상구가 있으며
There are * exits on this aircraft.
바다에 내렸을 때는 6정의 구명정이 펼쳐집니다.
When landing on water, 6 slide/rafts will be inflated.

비상 탈출 시에는 승무원의 안내에 따라 가까운 비상구로 신속히 탈출하시기 바랍니다.

In case of an emergency evacuation, please follow emergency lights in the cabin to evacuate the aircraft.

자세한 내용은 좌석 앞주머니 속의 안내서를 참고하시기 바랍니다.

For more information, please review the safety information card in your seat pocket.

고객에게 행복을 주는 에어서울과 함께 편안한 여행이 되시기 바랍니다.

We hope you enjoy your flight with Air Seoul.

4) 에어부산 AIR BUSAN

생각해보기 11

| **Question** 다음은 에어부산의 welcome 방송 내용이다. 에어부산만의 개성 있는 인사 멘트를 생각해보고 변경하여 방송해보자. 경쾌하고 밝은 느낌으로 방송하며 slide 모드 변경 방송 후 즉시 실시한다.

| **Answer** 부록 참조

손님 여러분, 사랑합니다!

안녕하십니까.

일반 **(도시)까지 가는 에어부산 ***편, (공동 운항 아시아나항공 ***편)의 탑승을 환영합니다!

[선택 1] **10분 이상 지연된 경우**

우리 비행기는 **(도시)까지 가는 에어부산 ***편, (공동 운항 아시아나항공 ***편)입니다.

〈항공편 연결, 비행기 점검 등 항공사에 책임이 있는 경우〉

❶ 기상 악화(공항 혼잡)(으)로 인한 연결편 지연으로 출발이 (많이) 지연돼 대단히 죄송합니다.

❷ *****(지연 사유)(으)로 출발이 (많이) 지연돼 대단히 죄송합니다.

〈기상 문제, 공항 혼잡 등 항공사에 책임이 없는 경우〉

*****(지연 사유)(으)로 출발이 지연된 점 양해해주시기 바랍니다.

비행시간은 이륙 후 **시간 **분이며, *** 기장과 *** 캐빈 매니저를 비롯한 승무원들은 정성을 다해 손님 여러분을 모시겠습니다.
승무원들은 여러분의 안전을 담당하는 안전 요원입니다.
안전 업무에 협조해주시기 바랍니다.
스마트폰 등의 전자 기기는 비행 모드로 설정해주시고, 기내에서는 전자 담배를 포함한 흡연 및 기내 업무를 방해하는 행위가 엄격히 금지돼 있으니 유의하시기 바랍니다.
잠시 후 기내 안전에 대해 안내해드리겠습니다.
주목해주시기 바랍니다.

[선택 2] 정상 출발하는 경우

Fly smart! 에어부산과 함께 편안한 시간 보내시기 바랍니다.
감사합니다.

[선택 3] 10분 이상 지연 후 출발하는 경우

에어부산은 여러분의 안전하고 편안한 여행을 위해 최선을 다하겠습니다.
감사합니다.

Good morning(afternoon/evening), ladies and gentlemen.
Welcome to Air Busan flight ***, (and Asiana Airlines flight ***) bound for **(도시).

[선택] 10분 이상 지연된 경우

This is Air Busan flight ***, (and Asiana Airlines flight ***) bound for ** (도시).

〈항공편 연결, 비행기 점검 등 항공사에 책임이 있는 경우〉

We apologize.

〈기상 문제, 공항 혼잡 등 항공사에 책임이 없는 경우〉

We are sorry for the delay in our departure.

The captain of this flight is ***, and the cabin manager is ***.
Our flight time will be ** hour(s) and ** minutes.
At this time, please set your smart phones and PEDs on Flight Mode.
Aviation Law prohibits dis-obedience to the flight regulations, including smoking in the cabin.
Please pay attention for a few minutes, for safety information.
We hope you enjoy the flight.
Thank you.

5) 이스타항공

생각해보기 12

| Question 이스타항공이 보유한 항공기의 종류와 대수를 알아보자.
| Answer 부록 참조

'참 좋은 당신을 만났습니다.'
안녕하십니까.
국민 항공사 이스타항공입니다.

[선택 1] **10분 이상 지연된 경우**

손님 여러분, 안녕하십니까?

*****(지연 사유)(으)로 인해 출발이 지연되어 (대단히) 죄송합니다.

이 비행기는 **(도시)까지 가는 이스타항공 ***편입니다.

[선택 2] **공동 운항인 경우**

이 비행기는 **(도시)까지 가는 이스타항공 ***편, 공동 운항 **항공 ***편입니다.

**(국제)공항까지의 비행시간은 이륙 후 **시간 **분이 소요될 예정입니다.
오늘 *** 기장과 ***(부)기장, 그리고 **명의 객실 승무원이 여러분을 안전하게 모시겠습니다.
지금부터 좌석 벨트를 매주시고, 등받이와 테이블, 팔걸이는 제자리로 해주십시오.
창문 덮개는 열어주시고, 휴대전화를 포함한 전자 기기는 비행 모드로 전환해주시기 바랍니다.

[선택 3] **군산, 부산, 청주 출발편**

아울러 이곳은 군사 공항으로 외부 촬영을 금지하고 있음을 알려드립니다.

이스타항공과 함께 즐거운 시간 보내시기 바랍니다.

[선택 4] **10분 이상 지연된 경우**

도움이 필요하시면 언제든지 저희 승무원을 불러주십시오.
감사합니다.

Good morning(afternoon/evening) ladies and gentlemen.
On behalf of captain *** and the entire crew, we would like to welcome you on board EastarJet flight *** bound for **(도시).

[선택 1] 공동 운항인 경우

On behalf of captain *** and the entire crew, we would like to welcome you on board EastarJet flight *** bound for **(도시), code-sharing with ** Airlines flight ***.

[선택 2] 10분 이상 지연된 경우

We are sorry for the delay due to *****.

Our flight time to ** (international) airport will be ** hour(s) ** minute(s) after take off.

For departure, please fasten your seatbelt, and return your seat back, tray table and armrest.

Also, please open your window shade.

All electronic devices including mobile phones should be put on flight mode.

[선택 3] 군산, 부산, 청주 출발편

As the airport is used by the military, taking pictures or films of outside is not permitted.

We wish you a pleasant flight with EastarJet.

Thank you.

6) 티웨이항공 t'way

생각해보기 13

| Question 다음은 티웨이항공의 방송 내용이다. 어떤 상황에 필요한 방송인지 생각해보고 그 이유를 설명해 보자.

| Answer 부록 참조

티웨이 가족 여러분, 이 비행기는 현재 지상 이동 중입니다.
비행기가 갑자기 멈출 경우 위험할 수 있으니 좌석 벨트 표시등이 꺼질 때까지 자리에 앉아 계시기 바랍니다.
특히 보호자께서는 어린이가 자리에서 일어나지 않도록 안전하게 보호해주시기 바랍니다.
지금부터 휴대용 전자 기기의 사용이 가능합니다.
고맙습니다.

This is T'way Air, we are taxing to the gate.
Please remain seated until the seatbelt sign has been turned on.
For the passengers that are traveling with children please make sure that your child is in a careful position.
You may use electronic devices now.
Thank you.

7) 독일어 welcome 방송

Guten Morgen(Tag/Abend) meine Damen und Herren, Kapitaen *** und seine Crew heissen sich herzlich willkommen an Bord von ****, einem Mitglied von Skyteam.
Dies ist der Flug ***(편명) nach ***(도착지).

[선택] 현지 승무원 탑승 시
Wir haben deutschsprachiges Personal an Bord, das Ihnen gerne behilflich ist.

Wir wuenschen Ihnen einen angenehmen Flug.

Wir bitten Sie nun noch einen Moment um Ihre Aufmerksamkeit fuer unsere Sicherheitshinweise.

2. 항공사의 IATA 코드와 해당 국가

항공사	IATA 코드	국가
Air Carlin	SB	New Caledonia
Air Canada	AC	Canada
Air China	CA	China
Alaska Airlines	AS	United States
British Airways	BA	United Kingdom
Cathay Pacific	CX	Hong Kong
China Cargo Airlines	CK	China
Egypt Air	MS	Egypt
Emirates	EK	Arab Emirates
Garuda Indonesia	GA	Indonesia
Hawaiian Airlines	HA	United States
Japan Airlines	JL	Japan
Lan	LA	Chile
Lufthansa	LH	Germany
Malaysia Airlines	MH	Malaysia
Miat Mongolian Airlines	OM	Mongolia
Nippon Cargo Airlines	KZ	Japan
Rossiya Airlines	FV	Russia
Shanghai Airlines	FM	China
Uzbekistan Airways	HY	Uzbekistan
Vietnam Airlines	VN	Vietnam

항공사	IATA 코드	국가
Korean Air	KE	Korea
Aeroflot	SU	Russia
Aero Mexico	AM	Mexico
Air Europa	UX	Spain
Air France	AF	France
Alitalia	AZ	Italy
China Southern	CZ	China
Czech Airlines	OK	Czech Republic
Delta Airlines	DL	United States
Garuda Indonesia	GA	Indonesia
Kenya Airways	KQ	Kenya
KLM Royal Dutch Airlines	KL	Netherlands
Tarom	RO	Romania
China Eastern Air	MU	China
China Airlines	CI	Taipei
Middle East Al	ME	Lebanon
Saudi Airlines	SV	Saudi Arabia
Aerolineas Argentinas	AR	Argentina
Xiamen Air	MF	China

3. IATA 코드와 ICAO 코드 비교

IATA 코드	ICAO 코드	항공사 영문명	로고	ICAO 콜사인
		Korea		
KE	KAL	Korean Air Lines Co. Ltd.	KOREAN AIR	Koreanair
OZ	AAR	Asiana Airlines, Inc.	ASIANA AIRLINES	Asiana

IATA 코드	ICAO 코드	항공사 영문명	로고	ICAO 콜사인
BX	ABL	Air Busan	AIR BUSAN	Low cost subsidiary of Asiana Airlines
7C	JJA	Jeju Air Co. Ltd.	JEJUair	해당 없음
TW	TWB	T'Way Air Co. Ltd.	t'way	Teeway
RS	ASV	Air Seoul, Inc.	AIR SEOUL	Air Seoul
ZE	ESR	Eastar Jet Co. Ltd.	EASTAR JET 이스타항공	Eastarjet
LJ	JNA	Jin Air Co. Ltd.	JINAIR	Jin Air
Canada				
AC	ACA	Air Canada	AIR CANADA	Air Canada
United States of America				
DL	DAL	Delta Air Lines, Inc.	DELTA	Delta
WN	SWA	Southwest Airlines Co.	Southwest	Southwest
AA	AAL	American Airlines	American Airlines	American
China				
CA	CCA	Air China Limited	AIR CHINA	Air China
MU	CES	China Eastern Airlines	中國東方航空 CHINA EASTERN	China Eastern
CZ	CSN	China Southern Airlines	中国南方航空 CHINA SOUTHERN AIRLINES	China Southern
CK	CKK	China Cargo Airlines Ltd.	中國貨運航空 CHINA CARGO AIRLINES	China King
Hong Kong				
CX	CPA	Cathay Pacific Airways Ltd.	CATHAY PACIFIC	Cathay
Indonesia				
GA	GIA	Garuda Indonesia	Garuda Indonesia	Indonesia

IATA 코드	ICAO 코드	항공사 영문명	로고	ICAO 콜사인
		Thailand		
VZ	TVJ	Thai Vietjet Air Joint Stock Co., Ltd.		Thaiviet Jet
		Vietnam		
VN	HVN	Vietnam Airlines Corporation		Vietnam Airlines
VJ	VJC	Vietjet Aviation Joint Stock Company		Vietjetair
		United Arab Emirates		
EK	UAE	Emirates		Emirates
		Netherlands		
KL	KLM	KLM Royal Dutch Airlines (Koninklijke Luchtvaart Maatschappij N.V.)		Netherlands
		France		
AF	AFR	Air France		Airfrans
		Qatar		
QR	QTR	Qatar Airways (W.L.L.)		Qatari
		Germany		
LH	DLH	Deutsche Lufthansa AG		Lufthansa
		Malaysia		
MH	MAS	Malaysia Airlines Berhad d/b/a Malaysia Airlines		Malaysian
		United Kingdom		
7C	COY	Coyne Airways Ltd.		Coyne Air 제주항공과 코드가 동일
BA	BAW	British Airways P.L.C.		Speedbird

4. 공항 코드와 도시 코드

1) 미주

공항 코드	공항	도시 코드	도시	국가
LAX	Los Angeles	LAX	Los Angeles	USA
LAS	Mccarran	LAS	Las Vegas	
JFK	John F. Kennedy	NYC	New York	
ORD	O'hare	CHI	Chicago	
IAD	Dulles	WAS	Washington D.C	
ATL	Hartsfield Atlanta	ATL	Atlanta	
DFW	Fortworth	DFW	Dallas	
SFO	San Francisco	SFO	San Francisco	
SEA	Tacoma	SEA	Seattle	
HNL	Honolulu	HNL	Honolulu	
MIA	Miami	MIA	Miami	
ANC	Ted Stevens	ANC	Anchorage	
YYZ	Lester B. Pearson	TOR	Toronto	Canada
YVR	Vancouver	VAN	Vancouver	
IAH	George Bush	HOU	Houston	
GRU	Guarulhos	SAO	Sao Paulo	Brazil

2) 유럽

공항 코드	공항	도시 코드	도시	국가
CDG	Charles De Gaulle	PAR	Paris	France
ORY	Paris Orly	PAR	Paris	
FCO	Leonardo Davinci Fiumicino	ROM	Rome	Italy
MXP	Malpensa	MIL	Milan	
FRA	Main	FRA	Frankfurt	Germany
MAD	Madrid	MAD	Madrid	Spain

공항 코드	공항	도시 코드	도시	국가
LHR	Heathrow	LON	London	U.K
LGW	London Gatwik	LON	London	
LED	Pulkovo	LED	St. Petersburg	Russia
SVO	Sheremetyevo	MOW	Moscow	
VVO	Vladibostok	VVO	Vladibostok	
IKT	Irkutsk	IKT	Irkutsk	
TAS	Yuzhny	TAS	Tashkent	Uzbekistan
ZRH	Kloten	ZRH	Zurich	Switzerland
IST	Istanbul	IST	Istanbul	Turkey
TLV	Ben Gurion	TLV	Tel Aviv	Israel
PRG	Ruzyne	PRG	Prague	Czech
SPL	Schipol	AMS	Amsterdam	Netherlands
VIE	Vienna	VIE	Vienna	Austria

3) 일본

공항 코드	공항	도시 코드	도시	국가
NRT	Narita	TYO	Tokyo	Japan
HND	Haneda	TYO	Tokyo	
KIX	Kansai	OSA	Osaka	
CTS	New Chitose	SPK	Sapporo	
HKD	Hakodate	HKD	Hakodate	
NGO	Nagoya	NGO	Nagoya	
FUK	Fukuoka	FUK	Fukuoka	
KOJ	Kagoshima	KOJ	Kagoshima	
OIT	Oita	OIT	Oita	
NGS	Nagasaki	NGS	Nagasaki	
KMQ	Komatsu	KMQ	Komatsu	
KIJ	Niigata	KIJ	Niigata	

공항 코드	공항	도시 코드	도시	국가
OKJ	Okayama	OKJ	Okayama	Japan
FSZ	Shizuoka	FSZ	Shizuoka	
AOJ	Aomori	AOJ	Aomori	
AXT	Akita	AXT	Akita	

4) 중국

공항 코드	공항	도시 코드	도시	국가
CAN	Baiyun	CAN	Guangzou	China
CSX	Changsa	CSX	Changsa	
DLC	Zhoushuizi	DLC	Dalian	
HKG	Hongkong	HKG	Hongkong	
KMG	Kunming	KMG	Kunming	
PEK	Beijing	BJS	Beijing	
PVG	Pudong	SHA	Shanghai	
SHA	Hong-qiao	SHA	Shanghai	
SHE	Shenyang	SHE	Shenyang	
SYX	Sanya Pheonix	SYX	Sanya	
SZX	Shenzhen	SZX	Shenzhen	
TAO	Liuting	TAO	Qingdao	
TNA	Jinan	TNA	Jinan	
TSN	Binhai	TSN	Tianjin	
URC	Diwopu	URC	Urumqi	
WEH	Da Shui Po	WEH	Weihai	
WUH	Wuhan	WUH	Wuhan	
XMN	Xiamen	XMN	Xiamen	
YNJ	Yanji	YNJ	Yanji	
YNT	Yantai Laishan	YNT	Yantai	
TXN	Tunxi	TXN	Huangshan	
NKG	Lukou	NKG	Nanjing	

5) 동남아시아

공항 코드	공항	도시 코드	도시	국가
BKI	Kota Kinabalu	BKI	Kota Kinabalu	Malaysia
KUL	Subang-Kuala Lumpur	KUL	Kuala Lumpur	
PEN	Penang	PEN	Penang	
BKK	Bangkok	BKK	Bangkok	Thailand
CNX	Chiang Mai	CNX	Chiang Mai	
HKT	Phuket	HKT	Phuket	
CEB	Cebu	CEB	Cebu	Philippines
MNL	Ninoy Aquno	MNL	Manila	
CGK	Soekarno-Hatta	JKT	Jakarta	Indonesia
DPS	Bali Ngurah Rai	DPS	Denpasar Bali	
HAN	Hanoi	HAN	Hanoi	Vietnam
SGM	Tansonnhat	SGN	Hochiminh	
DAD	Da Nang	DAD	Da Nang	
KTM	Tribhuvan	KTM	Kathmandu	Nepal
ROR	Airai	ROR	Koror	Palau
MFM	Macau	MFM	Macau	Macau
PNH	Phnom Penh	PNH	Phnom Penh	Cambodia
REP	Siem Reap	REP	Siem Reap	
SIN	Chang I	SIN	Singapore	Singapore
TPE	Chang Kai Shek	TPE	Taipei	Taiwan
ULN	Ulaan Baatar	ULN	Ulaan Baatar	Mongolia
RGN	Yangon	RGN	Yangon	Myanmar
MAA	Chennai	MAA	Chennai	India
CMB	Bandaranaike	CMB	Colombo	Sri Lanka
MLE	Male	MLE	Male	Maldives

6) 대양주

공항 코드	공항	도시 코드	도시	국가
AKL	Auckland	AKL	Auckland	New Zealand
CHC	Christchurch	CHC	Christchurch	
BNE	Brisbane	BNE	Brisbane	Australia
SYD	Sydney	SYD	Sydney	
NAN	Nadi	NAN	Nandi	Fiji

7) 중동, 아프리카

공항 코드	공항	도시 코드	도시	국가
DXB	Dubai	DXB	Dubai	U.A.E
RUH	King Khalid	RUH	Riyadh	Saudi Arabia
JED	King Abdulaziz	JED	Jeddah	
CAI	Cairo	CAI	Cairo	Egypt
NBO	Jomo Kenyatta	NBO	Nairobi	Kenya

8) 국내 공항 코드

공항 코드	공항	도시	공항 코드	공항	도시
ICN	인천	인천	USN	울산	울산
GMP	김포	서울	KPO	포항	포항
PUS	부산/김해	부산	KWJ	광주	광주
CJU	제주	제주	RSU	여수/순천	여수
CJJ	청주	청주	KUV	군산	군산
HIN	진주/사천	진주	WJU	원주/횡성	원주
TAE	대구	대구			

5. 지연 사유

- 일부 (연결편) 승객의 탑승을 기다림 waiting for several (transit) passengers to board
- 폭우(폭설, 강풍, 짙은 안개) heavy rain
- 폭설 heavy snow, strong winds, heavy fog
- 강풍 strong winds
- 낙뢰 lighting
- 짙은 안개 heavy fog, dense fog
- **공항의 좋지 않은 기상 상태 unfavorable weather conditions at ** airport
- 이륙 경로상의 뇌우로 인해 a thunderstorm on our departure route
- 공항 제설 작업 snow removal at the airport
- 관제탑의 기기 고장 system break-down of ATC(air traffic control)
- 항공기 제설(서리 제거 작업)을 위한 순서를 기다림 waiting for our turn to remove snow(frost) from the airport
- 공항 혼잡 air traffic congestion
- 손님들의 짐을 싣고 있어 as baggage is still being loaded in the cargo compartment
- 일부 탑승하지 않은 승객의 짐 하기 unloading some baggage from the cargo compartment
- 기내식(서비스 물품)을 추가 탑재 some meals(in-flight items) to be loaded
- 기내 업무 방해 행위 cabin disobedience
- 비행에 필요한 서류를 기다리고 있어 as we are waiting for some documents to arrive
- 항공기 내 보안 검색 cabin security check
- 항공기 점검 technical check of this aircraft
- (응급) 환자가 발생해 필요한 조치를 하고 있어 since we are taking care of a passenger who requires medical attention
- 손님 중 (응급) 환자 하기 deplaning a passenger who requires emergency medical attention
- 탑승하신 일부 승객의 하기 deplaning some passengers

6. 항공 용어

- 감압 decompression
- 검역 quarantine
- 결항 flight cancellation
- 고도 altitude
- 관제탑 air traffic control
- 관제탑의 지시 at the request of the control tower
- 공중 납치 hijacking
- 공중 대기 holding pattern
- 공항 혼잡 airport congestion
- 군사 훈련 military exercise
- 급유 fueling
- 기내 설비 in-flight service unit(facility)
- 기내식 in-flight meal
- 기내 안전 in-flight safety
- 기내 업무 방해 행위(기내 난동) disorder in the cabin
- 기내 온도 cabin temperature
- 기내 판매 in-flight sales
- 기상 관계 weather conditions
- 기상 변화 weather condition changes
- 기상 조건 weather condition(s)
- 귀중품 valuables
- 면세품 duty free items
- 보안 검색 security check
- 보안 검색대 혼잡 congestion at security check point
- 비상 사태 emergency
- 비상 착륙 emergency landing
- 비상 착수 emergency ditching
- 비행 거리 flying distance
- 서비스 물품 service items
- 섭씨 Celsius

- 수하물 하기 baggage unloading
- 수하물 탑재 baggage loading
- 승객 탑승 passenger boarding
- 승객 하기 passenger deplaning
- 세관 신고서 customs form
- 세관 절차 customs clearance procedure
- 시계 불량 poor visibility
- 안전 운항 flight safety
- 야간 운행 제한 시간 night curfew
- 여압 장치 cabin pressure system
- 연결편 승객 connecting passenger
- 연료 방출 fuel dumping
- 온도 조절 장치 이상 temperature control system problem
- 운항 취소 flight cancellation
- 응급 환자 emergency patient
- 이륙 허가 take off clearance
- 이상한 냄새 abnormal smell
- 이상한 소음 abnormal noise
- 이통 ear ache
- 입국 카드 entry card
- 임시 착륙 temporary landing
- 입국장 혼잡 congestion at immigration area
- 입국 절차 immigration process
- 장애 발견 trouble shooting
- 전원 공급 power supply
- 전자 기기 electronic device
- 정상 온도 normal temperature
- 정전 blackout
- 주기장 parking area
- 지상 조업 ground supporting
- 지연 도착 arrival delay
- 진눈깨비 snow sleet

- 짙은 안개 heavy fog, dense fog
- 재급유 refueling
- 제빙 작업 de-icing
- 제설 차량 de-icing car
- 좌석 재배치 seat reallocation, re-arrangement
- 착륙 허가 landing clearance
- 출발 허가 departure clearance
- 출산 child birth
- 출입국 직원 immigration officer
- 출입문 exit door
- 통과 카드 transit card
- 파업 labor strike
- 폭발물 explosive
- 항공기 교체 aircraft change
- 항공기 연결 aircraft connection
- 항공기 점검 technical check of the aircraft
- 항공료 환불 ticket refund
- 항공법 aviation law
- 항로 flight route
- 항로 혼잡 air traffic congestion
- 호텔 체재 hotel accommodation
- 화물 재배치 cargo reallocation
- 화물칸 cargo compartment
- 화물 탑재 baggage loading
- 화씨 Fahrenheit
- 활주로 runway
- 활주로 변경 runway change
- 활주로 제설 작업 runway de-icing
- 활주로 폐쇄 runway closing
- 회항 divert

7. 환자 증상 관련 용어

- 감압증 decompression
- 감염 infection
- 경련 muscular contraction(cramp)
- 급성 만취 sudden alcohol intoxication
- 기도 개방 airway opening
- 기도 폐쇄 chocking
- 기절 faint, loss of unconsciousness
- 과호흡 hyperventilation
- 뇌졸중 brain paralysis
- 당뇨 diabetics
- 당뇨 혼수 diabetic emergency coma
- 동상 frostbite
- 말라리아 malaria
- 맥박 pulse
- 멀미 motion sickness
- 발살바 조작 Valsalva maneuver
- 발작 stroke
- 복통 abdominal pain
- 수술 medical operation
- 수혈 blood transfusion
- 식중독 food poisoning
- 심장마비 cardiac paralysis
- 열사병 heat stroke
- 응급 환자 emergency patient
- 이통 ear ache
- 인공호흡 artificial respiration
- 저기압 low air pressure
- 저산소증 hypoxia
- 정신 질환 mental illness
- 중동호흡기증후군 middle east respiratory syndrome(MERS)

- 중증급성호흡기증후군 severe acute respiratory syndrome(SARS)
- 체함 upset stomach
- 출산 child birth
- 코피 nose bleeding
- 타박상 bruise
- 혈압 blood pressure
- 호흡 장애 breathing abnormalities
- 화상 burn
- 환자 이송 patient relocation
- 황열병 yellow fever

8. 생각해보기 해설

생각해보기 1

현재 우리나라에서 운영되는 LCC는 제주항공, 진에어, 티웨이항공, 이스타항공, 에어부산, 에어서울이다. 그리고 에어프레미아, 플라이강원, 에어로케이, 에어필립은 국토부에 면허 신청을 내고 국제 운송 사업 면허 결과를 기다리고 있다.

항공사	거점 공항	특징
에어프레미아	인천국제공항	• FSC와 LCC의 중간 단계로 중장거리 노선 전문 항공사 • 하이브리드 서비스 캐리어(hybrid service carrier, HSC) 지향
플라이강원	양양국제공항	• 강원도 지방 단체의 전폭적 지원 • 관광객 중심의 노선 개척 • 가격 경쟁력
에어로케이	청주국제공항	• 충청북도 지방 단체의 전폭적 지원 • 관광객 중심의 노선 개척 • 가격 경쟁력
에어필립	광주공항, 무안국제공항	• 50석 소형 항공 운영 중

생각해보기 2

워싱턴(UTC/GMT −3)과 서울(UTC/GMT +9)의 시차는 12시간이며, 서울이 워싱턴보다 12시간 빠르다.

생각해보기 3

항공기가 운항 중일 때 개인 휴대용 전자 기기를 사용하면 항공기의 무선통신에 간섭을 유발할 수 있기 때문에 전자 기기의 사용을 제한한다.

생각해보기 4

새해가 밝았습니다. 행복한 새해 되시기 바랍니다.

Happy new years! Happy holidays!

Best wishes for a happy new year!

We give you warm wishes for a happy new year!

즐거운 성탄절 되시기 바랍니다. 주위를 돌아보는 따뜻한 성탄절이 되시기 바랍니다.

Merry Christmas! Have yourself a Merry Christmas!

Wishing you a wonderful Christmas filled with joy and laughter!

생각해보기 5

입국 시에는 면세점 구입 물품을 포함하여 해외에서 구입해서 가져오는 상품의 총액이 1인당 미화 600달러까지이며, 이를 초과하는 경우 세관에 신고하고 세금을 납부해야 한다. 2017년 12월 관세청에서 제정한 '기내 판매 물품 관리 지침'에 따라 초과 구매 내역은 세관에 자동 통보되나, 기본적인 면세 한도인 미화 600달러 외에 주류, 담배, 향수는 추가 면세 혜택이 가능하다.

- 주류 1L(미화 400달러 이하, 1인당 1병)
- 담배 200개비(시가는 50개비)
- 향수 60mL

생각해보기 6

thrust reversal(reverse thrust)은 항공기의 후진이 아닌 전진에 작용하는 추력을 일시적으로 전환하는 것으로 항공기의 전방 주행을 막아 속도를 줄인다. 많은 제트기에 장착되는 thrust reverser 시스템은 터치 다운 직후 속도를 늦추고 브레이크의 마모를 줄이며 착륙 거리를 단축시킨다. 항공기에 중요한 작용을 하는 이 장치는 안전 운항에도 중요하다.

출처: https://en.wikipedia.org/wiki/Thrust_reversal

Ceri Breeze/Shutterstock.com

▲ thrust reverser 작동 시 바람의 방향과 thrust reverser 작동 모습

aapsky/Shutterstock.com

▲ thrust reverser 미작동 시 바람의 방향

생각해보기 7

항공기 제빙·방빙 작업 후 단시간 내에 이륙하지 않으면 다시 착빙이 발생할 가능성이 있으므로 승객이 탑승한 후 작업이 이루어진다.

생각해보기 8

에미레이트항공의 Chauffer-drive는 FR/CL, PR/CL 승객을 대상으로 전 세계 70개 도시에서 무료 트랜스퍼(공항에서 목적지까지) 서비스를 제공하는 것을 말한다. 홈페이지에서 48시간 전에 예약해야 하며 코드셰어 편에서도 이용이 가능하다.

생각해보기 9

- 아르美(매월 첫째 주 금요일 이벤트): 뷰티 전문 특화 팀이 네일아트, 페이스 페인팅 등의 이벤트를 선보인다.

- Kids Master(매월 둘째 주 금요일 이벤트): 기내 유·소아 케어 전문 특화 팀이 유·소아 승객을 대상으로 마술 쇼와 풍선 아트, 구연동화를 선보인다.
- Lala Jin's(매월 셋째 주 금요일 이벤트): 딜라이트 콘서트 전문 특화 팀이 노래, 악기 연주로 콘서트를 연다.
- JINI Graphy(매월 넷째 주 금요일 이벤트): 드로잉 전문 특화 팀이 승객에게 캐리커처와 캘리그래피를 그려준다.

생각해보기 10

A321-200은 도어가 8개이며 날개 근처의 No. 3 도어는 직선 형태가 아니라 휘어진 형태의 slide(slide raft 겸용이 아님)만 장착되어 있어 비상 착수 시 개방하지 않는다. 따라서 바다에 내렸을 경우 6대의 구명정을 사용한다는 내용으로 방송을 하는 것이다.

- 에어부산: A321-200, A320-200
- 이스타항공: B737-800, B737-900, B737-MAX8, B737-900ER
- 티웨이항공: B737-800 단일 기종
- 제주항공: B737-800 단일 기종
- 진에어: B737-200ER(393석, 대형기) 4대, B737-800
- 대한항공: B787, B777, B747, B737, A380, A330, CS300(봄바디어)
- 아시아나항공: A380-800, A350-900, B747-400, B777-200ER, B767-300, A330-300, A321-100/200, A320-200

〈추가 도입 예정〉
- 티웨이항공: 2019년 B737-MAX8 4대 도입 예정
- 제주항공: 2020년까지 B737-MAX8 50대 도입 예정
- 에어서울, 에어부산: A321 NEO 도입 예정
- 에어부산: 2019년 A321 NEO LR(long range) 도입 예정

생각해보기 11

- 미소 짓는 항공사, 에어부산을 이용해주신 손님 여러분, 안녕하십니까?
- 유쾌함을 전해드리고자 노력하는 에어부산을 찾아주신 손님 여러분, 안녕하십니까?
- 신뢰를 주는 항공사, 에어부산을 이용해주신 고객 여러분, 안녕하십니까?

에어부산의 기업 이념인 FLY SMART(Smile, Merry, Active, Rellable, Thankful)를 이용하여 방송멘트를 구상해본다.

생각해보기 12

이스타항공은 2019년 1월 22일 현재 B737-800 13대, B737-900 2대, B737-MAX8 2대 및 티웨이항공과 공동 운항하는 B737-900ER 2대를 포함하여 총 19대를 보유하고 있다.

출처: https://www.eastarjet.com/newstar/PGWKH00001

생각해보기 13

landing 방송 후 게이트로 이동 중(taxing)일 때의 방송이다.

참고문헌

대한항공 기내 방송 규정집

Kim Ju Yeon (2010). An Analysis of the Pronunciation Parts of the Middle School English Textbooks. Major in English Education. Graduate School of Education, Changwon National University.

Sittler, R. C. (1975). Teaching aural comprehension. In A. C. Newton (ed.), The Art of TESOL (pp. 114–129). Alexandria, VA: TESOL.1975/ Prator, C. M. Jr. & Robinett. B. W. (1985). *Manual of American English Pronunciation*, 4th ed. New York: CBS College Publishing.

http://100.daum.net/encyclopedia/view/b02g3835a

http://news.chosun.com/site/data/html_dir/2018/11/14/2018111403770.html

http://news20.busan.com/controller/newsController.jsp?newsId=20181127000384

http://skynews.kr/main.asp

http://sports.chosun.com/news/news_o2.htm?ut=1&name=/news/life/201001/20100127/a1776107.htm

http://www.ebaumsworld.com/pictures/10-strange-laws-and-custo ms-from-around-the-world/85465271/

http://www.emirates.com/kr/

http://www.flyairseoul.com/

http://www.jinair.com/

http://www.munhwa.com/news/view.html?no=2016041501030203012001

https://airtravelinfo.kr/xe/air_news/1246610

https://airtravelinfo.kr/xe/air_sense_board/55086

https://en.wikipedia.org/wiki/Thrust_reversal

https://flyasiana.com/C/KR/KO/etc/sitemap

https://kr.koreanair.com/korea/ko.html

https://www.dailymail.co.uk/travel/travel_news/article-5504037/The-worlds-lesser-known-local-laws-customs-revealed.html

https://www.eastarjet.com/

https://www.encounterstravel.com/blog/2013/08/28/brits-caught-out-by-unusual-laws-and-customs/

https://www.flightnetwork.com/blog/xx-unusual-laws-around-world-5-ridiculous/

https://www.jejuair.net/jejuair/kr/main.do

https://www.rte.ie/lifestyle/travel/2016/0715/802564-the-a-z-of-weird-and-bizarre-laws/

https://www.skyscanner.co.kr/news/how-to-fill-in-disembarkation-card

https://www.twayair.com/

https://www.youtube.com/watch?v=PYYFeUVp1Ck